Christiane Grabe

MEINE DREI LEBEN

W0187473

Christiane Grabe

MEINE
DREI
LEBEN

Eine unmögliche Biografie

Über die Autorin:

Christiane Grabe arbeitet ehrenamtlich bei einer Stiftung als zertifizierte Schuldnerberaterin und in einer Grundschule als Ausdrucksmalerin. Ihr erster Beruf ist Augenoptikermeisterin. Gemeinsam mit ihrem Mann Martin, der als ärztlicher Direktor der Klinik Hohe Mark in Oberursel tätig ist und auch ein Kapitel zu diesem Buch beisteuerte, lebt sie in Kronberg im Taunus. Die beiden haben vier erwachsene Kinder und einige muntere Enkel.

Bibliografische Information der Deutschen Nationalbibliothek
Die Deutsche Nationalbibliothek verzeichnet diese Publikation in der Deutschen Nationalbibliografie; detaillierte bibliografische Daten sind im Internet über http://dnb.dnb.de abrufbar.

ISBN 978-3-96362-297-7
© 2022 by Francke-Buch GmbH
35037 Marburg an der Lahn
Umschlagfoto: Christiane Grabe, fotografiert von Matthias Schüßler
Umschlaggestaltung: Francke-Buch GmbH / Marion Schramm
Satz: Francke-Buch GmbH
Printed in Czech Republic

www.francke-buch.de

Inhalt

Einleitung 7

Mein altes Leben

Wunschkind? 11

Kindergarten 12

Grundschulpädagogik 15

Lichtblicke: Ferien 21

Fasanenhofschule 23

Jugendzentrum 25

Motorradclique 27

Liebe, Pubertät, Traum und Wirklichkeit 29

Berufswahl 32

Ein Albtraum beginnt 35

Schlimmer geht immer 40

Ausbildung und Licht am Horizont 43

Zwischenland Eschwege 47

Ist da ein Gott? 50

Wer ist der richtige Gott? 58

Wenn es dich gibt, Gott, dann zeig dich mir! 61

Ende und Anfang 64

Mein neues Leben

Hannover: Omi, ich komme! 69

Es gibt sie doch, auch hier! 71

Lebensplan 75

Indien 78

Köln, Holland, Köln 85

Ende der Ära Köln? 88

Köln, 15. November 1984 90

Der Tiefschlag 96

Mein zweites neues Leben

Neurologie ist fast wie Himmel 103

Hollandfahrrad 107

Zweiter Studienbeginn 108

Marburg, Biedenkopf 110

Mein einmaliges Osterwunder 1986 111

In den windigen Norden 113

Traumjob 114

Friederike 116

Isolierstation Kreiskrankenhaus 117

Chemotherapie 120

Mein glückliches Leben 121

Mut zum Glück 124

Einleitung

Was ist eine Biografie? Laut Wikipedia ist es erstens entweder die »Beschreibung des Lebens einer bekannten Person« oder zweitens »das Leben eines Menschen als Abfolge unterschiedlicher Ereignisse«.

Für diese kurze Autobiografie trifft Definition zwei zu, denn ich bin weder bekannt, reich und berühmt, noch habe ich Erstaunliches geleistet. Aber ich habe ganz besonders viel Glück im Leben gehabt. Und das möchte ich nicht für mich behalten, sondern mit anderen Menschen teilen. Ob dies gelingt, ist ein Experiment. Aber wer nicht wagt, der nicht gewinnt!

Ich bin Legasthenikerin, meine Stärke liegt bestimmt nicht im Bücherschreiben und deshalb sollte dies eigentlich auch nur ein Text für meine Kinder, Neffen und Nichten werden. Aber der grundsätzliche Gedanke, meine Lebensgeschichte aufzuschreiben, hat mich immer wieder eingeholt. Zeitweise wollte ich mich davor drücken, diesen Plan weglegen und mich damit entschuldigen, dass ich die Fähigkeiten dazu nicht besitze.

Aber jetzt gibt es dieses Buch und ich bin den lieben Menschen dankbar, die mich dabei unterstützt haben!

Christiane Grabe, im Mai 2022

Mein altes Leben

Wunschkind?

Ja, ich bin ein Wunschkind.

Meine Mutter hatte mit meinem Bruder, der dreieinhalb Jahre älter ist als ich, eine ganz normale Schwangerschaft. Doch leider folgten dann zwei Fehlgeburten und der Frauenarzt war nun davon überzeugt, dass nur konsequente Bettruhe eine weitere Fehlgeburt verhindern könne. Was das für meine Mutter hieß, ist kaum vorstellbar: Sieben Monate liegen und nebenbei noch irgendwie einen gut zwei Jahre alten Sohn versorgen. Mein Vater war voll berufstätig und auch manche Tage im Außendienst, sodass er einen oder zwei Abende in der Woche nicht nach Hause kam. Wäre meine Omi nicht gewesen, die viel zwischen Kassel und ihrem Wohnort Hannover gependelt ist, wäre diese Arztempfehlung nicht durchführbar gewesen, doch sie hat es möglich gemacht.

Am 29.10.1959 kam ich dann in Kassel auf die Welt. Es war eine schwere Geburt, bei der sich meine Mutter den Rücken verletzte und darum weiterhin das Bett hüten musste. Weil sie sehr geschwächt war, trug sie einen Mundschutz, um keinen Infekt zu bekommen. Gestillt wurde ich nicht, das war damals unmodern. Ich war ein Schreihals, mein erstes Lebensjahr habe ich nächtelang »durchgeschrien«, hat man mir später erzählt.

Meine Mutter war nach meiner Geburt körperlich wenig belastbar, aber mithilfe einer Reinigungskraft konnte sie uns versorgen. Sicher war sie glücklich, nun ihr Wunschkind zu haben, doch der Alltag war hart und ihr Traummann zu oft nicht da.

Wie muss es meinem Bruder ergangen sein? Fast sieben Monate eine Mutter, die den ganzen Tag nur liegen darf, und dann kommt das Geschwisterchen auf die Welt und schreit nur. Und die Mutti ist auch nicht fit. Ein Albtraum, der für ihn auch noch lange andauern sollte.

Kindergarten

An meine ersten Lebensjahre erinnere ich mich nicht. Klar, wer tut das schon? Meine Erinnerung setzt ab dem Kindergarten ein, so mit vier Jahren. Ich ging allein dorthin, zwanzig Minuten den Berg hinunter. Wenn mein Vater da war, brachte er mich hin. Sehr gerne bin ich nicht dorthin gegangen. Die Kinder kamen alle aus dem Stadtteil Wolfsanger, aber unsere Familie wohnte in Bossental – und daher kam sonst niemand und so bin ich mit den Mädchen und Jungen nicht so recht warm geworden. Aber der Rückweg war besser. Da habe ich oft lange beim Bauern am Zaun gestanden und den Hühnern und dem Hund zugesehen. Ich hatte Zeit. Niemand erwartete mich dringend. Meine Mutter fühlte sich überlastet und war mit Kochen beschäftigt. Schon als sehr kleines Mädchen war da in mir ein Gefühl der Einsamkeit. Und noch etwas anderes war da: Ich fühlte mich unwohl in meiner Haut. Eigentlich sah ich eher wie ein Junge aus, kurze Haare und Jungenkleidung von meinem Bruder. Nur ab und zu bekam ich auch mal ein Mädchenkleidungsstück von meiner älteren Cousine vererbt.

Meine Eltern, beide Flüchtlingskinder, deren Eltern im Osten alles verloren hatten, waren sehr sparsam. Sie hatten ein schönes Einfamilienhaus gebaut, und als ich drei Jahre alt war, zogen wir dort ein. Unseren Garten mit einer großen Sandkiste liebte ich. Dorthin durften wir auch Kinder einladen, aber bei schlechtem oder kaltem Wetter spielte ich allein in meinem Zimmer. Auf die Idee, meine Spielsachen mit nach unten zu nehmen, in die Nähe meiner Mutter, kam ich nicht, denn sie brauchte viel Ruhe. Jemanden mit ins Haus zu bringen, war zwar nicht verboten, doch gemacht habe ich es selten. Es war mir peinlich, dass es nichts Leckeres zu essen gab und man immer leise sein musste. Und meine Spielsachen waren auch nicht gerade zum Vorzeigen.

Da ich oft erkältet war, musste ich viel Zeit meiner Kindheit im Bett verbringen. Irgendwie war das der Ort, von dem nach Meinung meiner Mutter alle heilenden Kräfte auszugehen schienen. In unserem Esszimmer stand ein Klappbett, und wenn ich krank war, wurde es heruntergeklappt und ich zog mit meinem Bettzeug, Puppen, Bär Orsi, Buntstiften und Papier dort ein. Hier durfte ich genesen. Drei Tage fieberfrei war die Regel, erhöhte Temperatur gab es für meine Mutter nicht, alles über 37,5 war Fieber!

Zum Glück hatte ich geschickte Hände und habe viel gebastelt und mich mit kreativen Arbeiten versorgt. Meine Mutter hat genäht und gestrickt und so gab es Woll- und Stoffreste. Papier, Pappe und Farben bekam ich zum Geburtstag. Ja, und eine wundervolle Puppe: Schlummerle von der Firma Schildkröt. Diese Puppe hatte einen weichen Stoffkörper und einen Kopf mit Schlaf- und Wachaugen. Die Arme und Beine waren aus Plastik. Das Modell gibt es heute immer noch zu kaufen. Diese Puppe bekam von mir die schönsten Kleidungsstücke maßgeschneidert, Karl Lagerfeld hätte seine wahre Freude daran gehabt. Mit dieser Fähigkeit des Handarbeitens und Malens habe ich meine späteren Zeugnisse retten können.

> Mein Bruder und ich mussten um die Aufmerksamkeit unserer Eltern kämpfen. In ihrem Liebestank war zu oft der Grund sichtbar.

Ich habe mich als Kind oft allein gefühlt und mir so sehr ein Geschwisterchen gewünscht; jemanden zum Knuddeln, der sich bewegte und lebendig war. Irgendwie kam dieser Wunsch bei meiner Mutter an, denn eines Tages kam eine Frau vom Jugendamt zu uns und schaute sich unser Haus an. Doch diese Dame hat wohl schnell gemerkt, dass in unserem Haus für ein weiteres Kind kein Platz mehr war. Jedenfalls kam keines.

Eigentlich hatte ich ja auch jemanden zum Spielen, meinen Bruder, der dreieinhalb Jahre älter war als ich. Aber wir waren uns fremd und sollten es leider auch bis ins Erwachsenenalter bleiben. Im Nachhinein habe ich verstanden, dass das mit unserer Familienkonstellation zusammenhing.

Wir mussten sehr verschiedene Rollen ausfüllen und kamen dabei auf keinen gemeinsamen Nenner. Jeder von uns entwickelte seine Methode, um wenigstens ein bisschen Aufmerksamkeit von den Eltern zu bekommen: durch Kranksein, Sich-doof-Stellen, indem wir »frech« oder »lieb« waren und noch vieles mehr. Wir konnten daraus nicht ausbrechen. Meinem Gefühl nach wäre sonst der freie Fall vorprogrammiert gewesen: in nichts als Kälte und Einsamkeit. Mein Bruder und ich mussten um die Aufmerksamkeit unserer Eltern kämpfen. In ihrem Liebestank war zu oft der Grund sichtbar.

Grundschulpädagogik

Mit der Grundschulzeit wurde mein Leben noch komplizierter. Ich war Legasthenikerin (Lese- und Rechtschreibschwäche, genannt LRS), aber das war damals nicht anerkannt. Dazu kam, dass ich mit meinen kurzen Haaren und den abgelegten Klamotten meines Bruders immer noch so aussah wie er in Klein. In der Mädchengruppe, mit der ich zur Schule ging, hatte ich nichts zu melden und bei den Gesprächen über das Fernsehprogramm konnte ich nicht mitreden, weil ich keine Ahnung hatte. Wir hatten zwar einen Fernseher, aber für Kinder war nach Meinung meiner Mutter Bonanza (eine Westernserie, damals in den Sechzigern ein »Muss«) ungesund. Das Thema Jungen interessierte mich auch nicht. Wenn es etwas gab, das ich blöd fand, dann gehörten sie jedenfalls dazu. Meine drei Weggenossinnen hatten alle keinen Bruder und vertraten die in meinen Augen völlig irre Ansicht, dass es sich lohne, immer und immer wieder darüber nachzusinnen, wer der Auserkorene sein solle. In der vierten Klasse wurde es so extrem, dass ich es manchmal vorzog, den Schulweg allein zu gehen und auf ihre Gesellschaft zu verzichten. Ich war auch viel krank. Diese Spannung, nicht dazuzugehören, war vielleicht auch ein Grund, mir eine Auszeit zu nehmen.

Angesichts der Tatsache, dass es nun doch kein weiteres Geschwisterchen gab, wünschte ich mir einen Hund. Meine Mutter hatte als Kind einen Dackel, mein Vater war auf einem großen Gut auf dem Lande aufgewachsen und hatte dort mit zehn Jahren ein Pony bekommen. Nach langem Drängeln bekamen mein Bruder und ich schließlich Kaninchen: Himpel und Hoppel. Doch die Freude an der Niedlichkeit hielt nur ein knappes Jahr an. Wir fanden es lästig und auf die Dauer auch langweilig, im Winter den Stall, der draußen stand, sauber machen zu müssen und für das Futter verantwortlich zu sein. Auf den Arm nehmen ließen sich die Kaninchen auch nicht wirklich. So kamen sie dann auf Beschluss meiner Eltern »zum Züchter zurück«. Später habe ich erfahren, dass ich meinen Hoppel an einem Sonntag unwissentlich aufgegessen habe. Der Züchter hatte die Kaninchen im Auftrag meiner Eltern geschlachtet und sie waren dann in unserer Gefriertruhe gelandet.

Meine Mutter versuchte, so gut sie es konnte, mir ab und zu bei den Hausaufgaben zu helfen. Aber das Mitleid, das sie mir gegenüber zum Ausdruck brachte, war nicht gerade hilfreich. Es hat mich entmutigt, wenn sie das Lesenlernen mit den Worten »Ach ja, das ist auch schrecklich schwer« kommentierte. Weil Rechtschreibung und Rechnen nicht ihre Stärken waren, fragte ich manchmal meinen Vater, wenn er da war.

Auch mein Bruder hatte Schwierigkeiten in der Schule. Wie ich war auch er ein LRSler, schaffte es dann aber zum Gymnasium. Doch leider hat er diese Laufbahn nicht lange durchgehalten, weil ihm jegliche emotionale Unterstützung fehlte. Es warteten schließlich ein Internatsaufenthalt auf ihn und verschiedene Schulwechsel. Wenn ich dies so aufschreibe, blitzt auch immer wieder seine Geschichte auf. Davon möchte ich nicht weiter berichten, aber erwähnen, dass er mit Anfang 30 in der Abendschule sein Abitur nachholte und parallel als Krankenpfleger arbeitete. Er schloss dann ein Studium der Politologie und Soziologie ab und gründete eine erfolgreiche Beratungsfirma.

Die antiautoritäre Erziehung – in dieser Zeit modern – war ein Modell, das meine Mutter völlig verunsicherte. Wir wurden wie kleine Erwachsene behandelt und Aufmerksamkeit holten wir uns entweder durch Kranksein (ich) oder durch Blödsinnmachen (mein Bruder). Unser Vater dagegen konnte mit modernen Erziehungsstilen gar nichts anfangen. Er stammte aus einer autoritären Gutsherrenfamilie. Da er aber oft nicht da war, wurde in der Erziehung alles so gemacht, wie meine Mutter es wollte: Wir waren selbstverantwortlich. Aber immer, wenn das Bruderkind in den Brunnen gefallen war, durfte mein Vater es wieder retten und trug – in den Augen meiner Mutter – die alleinige Schuld an seinem Absturz. Dies hat angesichts der cholerischen Veranlagung meines Vaters dann leider häufig zu hilflosen Ausbrüchen geführt, auf die ich reagierte, indem ich mich immer mehr zurückzog.

Der Speiseplan zu Hause war nicht besonders abwechslungsreich. Mittags Kartoffeln mit Gemüse, sonntags kam noch ein Braten dazu, morgens und abends Butterbrot. Manchmal durfte ich mir morgens auch Zucker auf die Butter streuen, die selbst gemachte Marmelade mochte ich leider nicht. Es gab auch Quark und Käse oder Leber- und Blutwurst, doch das war alles nicht nach meinem Geschmack. Gelbwurst (so heißt sie hier in Hessen) und Schokoaufstrich mochte ich gerne. Aber das stand nicht zur Diskussion. Die Begründung, es sei zu teuer oder zu ungesund, passte eigentlich auf alles. Hm, bei meinen Klassenkameradinnen waren Wackelpudding, Schokoriegel und noch so manch andere Leckerei jedenfalls so gesund, dass sie nicht dauernd krank waren. Na gut, die Sachen waren teuer, damit war ich geschlagen. Ich hatte oft Bauchweh beim Essen und durfte mich dann mit dem Bauch auf den Stuhl legen. Aber aufstehen durfte ich erst, wenn ich aufgegessen hatte. Oft habe ich noch lange Zeit allein im Esszimmer verbracht, bis ich meinen Teller leer gegessen hatte.

Wir wurden wie kleine Erwachsene behandelt und Aufmerksamkeit holten wir uns entweder durch Kranksein (ich) oder durch Blödsinnmachen (mein Bruder).

Mit acht Jahren kam ich zum zweiten Mal ins Krankenhaus, wegen Unterernährung. Bei meinem ersten Aufenthalt mit vier Jahren hatte ich einen Bauchnabelbruch gehabt und die Woche in stationärer Behandlung war eine nette Abwechslung gewesen. Die Schwestern waren nett gewesen und ich hatte mit anderen Kindern im Spielzimmer spielen können. Heimweh hatte ich nicht gehabt. Ich war zwar allein, ohne meine Familie, aber ich hatte mich sehr geborgen gefühlt.

Aber dieses Mal war es unendlich einsam. Ich musste eine Woche im Bett liegen und wurde zusätzlich durch Infusionen ernährt. Mir war todlangweilig! Meine Mutter hatte mir eine Spieluhr mit ins Krankenhaus gebracht mit dem Song »Guten Abend, gute Nacht«, doch diese konnte ich gar nicht selbst aufziehen, da die Kanüle in der Armbeuge steckte. Immer wenn die Schwester kam, zog sie meine Spieluhr auf und ich fühlte mich klein und hilflos. Denn diese Babyspieluhr war ja nicht ganz altersgemäß. Mein Zimmernachbar, der wegen einer Beerenvergiftung im Krankenhaus lag, war mir auch keine große Abwechslung. Er hatte schreckliches Heimweh und weinte viel. Einen Fernseher gab es nicht, Lesen war mühsam und eine Stunde Besuchszeit war schnell vorbei.

Diese Woche im Krankenhaus erschien mir wie eine Ewigkeit! Ich habe viel gegrübelt und hatte keine Lust auf mein Leben. Was war ich auch für ein schreckliches Kind. So undankbar, dabei hatte ich es doch so gut! Dies wurde mir von meinen Eltern und Großeltern jedenfalls vermittelt. Ja, ich wollte das auch so gerne, glücklich sein über die medizinischen Möglichkeiten, über mein schönes Zuhause, unseren großen Garten. Aber all das konnte ich nicht greifen und fühlte mich nur leer und schuldig. Etwas war falsch an mir und ich würde es nicht ändern können.

Unser Speiseplan wurde leider auch nach meinem Krankenhausaufenthalt nicht geändert und ich blieb ein »Strich« in der Landschaft.

Abends, wenn meine Mutter mir Gute Nacht sagte, wurde noch ein Gebet gesprochen: »Ich bin klein, mein Herz ist rein, soll niemand drin wohnen als Jesus allein.« Komisch, ich weiß noch genau, dass ich es im Krankenhaus auch allein für mich gebetet habe. Es gehörte dazu, auch wenn ich diesen Jesus gar nicht kannte und auch nicht verstand, was es heißt, dass er in mir wohnt.

Es gab noch ein weiteres Gebet, das wir jeden Tag mindestens zweimal gebetet haben, das Tischgebet: »Komm, Herr Jesus, sei unser Gast und segne, was du uns bescheret hast. Amen.« Das habe ich allein nicht gebetet, bevor ich etwas gegessen habe. Ich mochte es nicht, weil es eine Sprache war, die mir fremd war und doch dazugehörte. Nach dem Amen fassten wir uns dann alle an der Hand und sagten: »Gesegnete Mahlzeit!« Dieses Ritual war schön, wenn gute Stimmung war, was aber leider selten vorkam. Wenn die Stimmung neutral war, fand ich es überflüssig, und wenn dicke Luft war, habe ich es gehasst. Ich weigerte mich manchmal, meinem Bruder die Hand zu geben, denn wenn er auf mich sauer war, drückte er sie unnötig lange und fest.

Wofür machten wir das? Und für wen? Wenn ich so etwas fragte, gab es immer dieselbe Antwort: »Das haben unsere Eltern auch so gemacht und das hat uns nicht geschadet.«

Meine Eltern waren in den Sechzigerjahren Eltern geworden, die Studentenbewegung hatte sie überrollt. Eine neue Pädagogik, weg von der autoritären zur antiautoritären Erziehung ist an ihnen vorbeigegangen. Allerdings hat meine Mutter von der feministischen Bewegung, die damit einherging, sehr profitiert. Sie hatte nach dem Krieg eine Ausbildung zur Krankengymnastin gemacht und war nicht auf eine Hausfrauenfachschule gegangen, um sich auf ein Leben als Hausfrau und Mutter vorzubereiten. Diese hatten ihre zukünftigen drei Schwägerinnen besucht. Sie dagegen hatte eine eigene Praxis für Krankengymnastik in Hannover, als sie meinen Vater kennenlernte, der mit seinem Studium als Diplom-Landwirt fast fertig war. Sie heirateten, zogen nach Fulda und mein Vater ernährte seine Frau und dann auch seinen Sohn. Beruflich ging es dann nach Kassel und dort kam das Wunschkind. Meine Eltern hatten das Buch von Alexander S. Neill »Theorie und Praxis der antiautoritären Erziehung« aus dem Rowohlt-Verlag im Schrank stehen und meine Mutter war angetan von dem neuen Ansatz. Aber die Praxis entwickelte sich dann doch schwieriger als die Theorie. Denn es hätte ja dazugehört, auch selbst Dinge zu hinterfragen und um Antworten zu ringen. Dies hätte aber vorausgesetzt, dass sie und mein Vater eine gemeinsame Gesprächskultur gelebt hätten, doch die war in ihrer Generation nicht vorhanden. Statt Einigkeit in der Kindererziehung waren nur Hilflosigkeit, Streit und ein ewiges Beleidigtsein über die Widrigkeiten des Lebens die Folge.

Lichtblicke: Ferien

Es gab aber auch schöne Wochen. Zwei Mal im Jahr fuhren wir zu den Großeltern nach Hannover. Hier spielten mein Bruder und ich mal zusammen in Opas Büro, wir gingen in den Zoo und es gab »Handnehme-Würstchen« (Wiener Würstchen), Zuckerkuchen und Eis. Ja, ich liebte es, auf dem Schoß meines Großvaters zu sitzen, während Omi Märchen vorlas. Wir spielten ein Brettspiel, das damals schon antiquarisch war, mit aus Zinn gegossenen Autos. Meine Omi hatte noch drei Schwestern, zwei wohnten ebenfalls in Hannover und hatten einen Schrebergarten. Es war eine so sonnige Welt, ich liebte es, abwechselnd bei jeder einmal auf den Schoß klettern zu können, den Gesprächen der Erwachsenen zu lauschen und nur wenig zu verstehen. Es war warm dort, überall. In der Wohnung meiner Großeltern, im Garten, in meinem Herzen.

> Die Welt bei meinen Großeltern war sonnig – ich liebte es, auf ihren Schoß klettern zu können, den Gesprächen der Erwachsenen zu lauschen und nur wenig zu verstehen. Es war warm dort, überall. In der Wohnung, im Garten, in meinem Herzen.

Da mein Bruder und ich so oft krank waren, fuhren wir viele Jahre lang in den Sommerferien für drei Wochen an die Nordsee: Reizklima. Wir waren danach zwar auch nicht viel gesünder, aber ich freute mich auf den gemeinsamen Urlaub und darauf, viel Zeit mit Vati zu verbringen. Hier fand ich Kinder zum Spielen am Strand oder passte auf kleinere Kinder auf. Mittags gab es Milchreis mit Kirschen, die Stimmung in der Familie war friedlicher als zu Hause und die Umgebung faszinierte mich. Ich habe in der Nordsee schwimmen gelernt, Ebbe und Flut brachten so viel Veränderung am Strand, dass ich nicht fertig wurde mit Spielen und Staunen. Selbst die Lernprogramme, die ich wegen meiner Legasthenie auch in den Ferien machen musste, waren schön. Ich war nicht allein, irgendjemand war immer da in der Ferienwohnung. Ja, ich wollte gerne eine gute Schülerin sein. Zwar würde ich nicht zum Gymnasium kommen, dies war meiner Mutter schon in der ersten Klasse klar, aber versuchen wollte ich es trotzdem. Mein Traumberuf war Lehrerin und ich wusste, dass dieses Ziel nur mit dem Abitur zu erreichen war.

Fasanenhofschule

Dank zwei Kurzschuljahren – meine zweite und dritte Klasse dauerte nur etwas länger als ein halbes Jahr – kam ich 1969 in die fünfte Klasse der Fasanenhofschule, in die sogenannte Orientierungsstufe. Zwei Schuljahre wurden wir in den Hauptfächern in A-, B- und C-Kurse eingeteilt: A war der gymnasiale, B der Realschul- und C der Hauptschulzweig. Die restlichen Fächer wurden zusammen unterrichtet, im Klassenverband. Bei mir wurden es die B-Kurse. Meine Eltern hatten sich für diese Schule entschieden, weil ich sie in jedem Fall zu Fuß erreichen konnte, in etwa zwanzig bis dreißig Minuten. Der Gedanke, dass man eine Schule auch aussuchen könnte, weil sie zu seinem Kind passt, kam bei ihnen gar nicht erst auf.

Nun war ich also groß mit meinen zehn Jahren. Und meine Eltern hatten genug mit meinem Bruder zu tun. Meine Mutter hatte ein Auto bekommen und arbeitete einen Vormittag in der Woche in der Familienbildungsstätte. Wir bekamen auch einen Dackel, den ich aber jetzt nicht mehr so sehr brauchte, denn ich war ja groß und selten zu Hause. Nun bestimmte ich allein, wie ich meine Haare tragen wollte. Ich ließ sie wachsen. Nur das Problem mit meiner Garderobe war noch nicht gelöst. Zwar hatten meine Eltern inzwischen ein weiteres Haus gekauft und ich dachte, nun könne ich auch mal eine echte Levis-Jeans bekommen, aber genau dies war falsch von mir interpretiert, denn nun war ja wieder kein Geld mehr da.

In der neuen Klasse im Realschulzweig fand ich nur schwer Anschluss. Leistungsmäßig lief alles ganz gut, Kopfnoten super, in Handarbeiten, Kunst und Sport eine Eins und in den restlichen Fächern stand ich auf Drei. Englisch und Mathe konnte ich mit Abschreiben nicht lange auf diesem Niveau halten. Nach den zwei Jahren winkte die Realschule, denn ich war nicht in die A-Kurse aufgestiegen. Ganz im Gegenteil: In Mathe kam ich in den C-Kurs. Ich war zwar fleißig, machte immer ordentlich meine Hausaufgaben, aber die Qualität war nicht genügend. Diese Grenze war hart. Irgendwie war ich bisher allein durchgekommen, aber jetzt musste ich der Realität ins Auge schauen. Meine Mutter hatte recht, ich war wie sie: mittelmäßig. Und nicht wie mein Vater: gut bis sehr gut. Den Traum, einmal Lehrerin zu werden, begrub ich. Und einen neuen Traum ließ ich nicht mehr zu, denn die Enttäuschung war zu groß. Was wollte ich einmal werden? Das war doch so egal wie alles andere auch. Selbstmordgedanken waren es nicht, aber eine Todessehnsucht machte sich in mir breit. Mein Leben war mühselig, ich war allein. Warum? Wozu das Ganze? Und nun wieder in eine neue Klassengemeinschaft, der Absturz in den C-Kurs mit den neuen Mitschülern und das Gehänsel meiner Kernklasse saßen mir noch in den Knochen. Ich hatte Angst!

Doch dann passierte das Unwahrscheinlichste in meinem Leben. In meiner neuen Klasse gab es eine nette, anerkannte, super gekleidete, hübsche Klassenkameradin, die mich zu sich nach Hause einlud. Daran hatte ich nicht im Traum gedacht. Ich war sehr aufgeregt, als ich nach der Schule das erste Mal mit zu ihr ging. Beeindruckt von der herzlichen Mutter, dem tollen Haus und ihrem super Zimmer, verabredeten wir uns immer öfter. Hier war nun mein zweites Zuhause. Wir machten zusammen Hausaufgaben, hörten Musik, zogen durch die Straßen und fuhren mit ihren Eltern zum Einkaufen. Es fand keiner komisch, dass ich jetzt in dieser Familie mitlebte und wir nie zu mir nach Hause gingen. Viele Monate lief ich so mit, bis meine Freundin ein neues Thema entdeckte. Es war ein Junge aus dem Jugendzentrum neben unserer Schule. Und so wechselte meine zweite Heimat ins Jugendzentrum.

Jugendzentrum

Hier war so ein ganz anderes Publikum als das bisher gewohnte. Wir waren dreizehn Jahre alt, aber hier ging es eigentlich erst ab sechzehn Jahren los. Die Musik war mir vertraut durch meinen Bruder, aber sonst war es irgendwie zu dunkel, zu laut, zu verqualmt und zu voll. Dass ein Sozialarbeiter die Räume auf- und zuschloss, habe ich erst sehr viel später mitbekommen. Vor dem Zentrum standen viele Motorräder mit und ohne Besitzer. Meine Freundin kannte schon so manchen. Wir besorgten uns etwas zu trinken und sie rauchte eine Zigarette. Ihre Eltern rauchten beide, meine nicht. Bier hatte ich schon zu Hause gekostet und es für bitter befunden, also trank ich eine Limo. Ich kam mir vor wie im Theater und die Rolle, die ich zu spielen hatte, konnte ich nicht ausfüllen. Daran musste sich etwas ändern, also versuchte ich es mit Rauchen. Doch es war scheußlich. Dieser warme Qualm im Mund und dann das Verschlucken am Rauch. Nein, ich musste leider passen. So cool war ich nicht, es ging nur Paffen: Qualm einsaugen, Mund zu, auspusten, atmen, dann Wiederholung, einfach erbärmlich. Schon die Frage, woher ich bei meinem mageren Taschengeld die Zigaretten bekommen sollte, ließ mich kapitulieren. Wenn ich mich richtig erinnere, habe ich es zu einer Schachtel Marlboro gebracht. Die Hälfte davon habe ich großzügig verschenkt und die andere mühsam verpafft.

Alkohol war mir auch noch von einer anderen Begebenheit her suspekt, da mein Vater mal leicht angetrunken war und ich dies ganz schrecklich gefunden hatte. Es machte mir Angst, mich vielleicht auch einmal selbst so zu verändern. Bei späteren Versuchen, Bier oder Wein zu trinken, ging mir der Alkohol so schnell ins Blut, dass ich zu stolpern begann. Die Kontrolle über mich wollte ich schon behalten, denn wer würde sonst auf mich aufpassen? Fazit: Alkohol, Zigaretten und ein Motorrad waren nicht mein Zugehörigkeitsmerkmal.

Aber was dann? Mein Aussehen? Zwar hatte ich nun lange Haare, aber leider stark Akne. Meine Garderobe bewegte sich so zwischen den Richtungen »total altmodisch«, »nicht modisch« und »war noch nie modisch«. Das fand meine Freundin auch. Das einzige Pfund, das ich hatte und das wir noch verbessern konnten, waren meine blonden, glatten Haare. Ihr Haar war schwarz, lockig und lang. Und ihre Mutter färbte sich ihre Haare. Mit solch »professionellen« Erfahrungen ausgerüstet, gingen wir in die Drogerie shoppen und kauften uns Aufheller. Schöner sind wir dabei nicht geworden: Ihre Haare waren jetzt rötlich und ich hatte Stroh auf dem Kopf, aber wir waren mutig und hatten viel Spaß!

Mein Kleidungsproblem – bei meiner Garderobe fehlten schicke Jeans und ein Parka – musste nun doch mit meinen Eltern geklärt werden. Es war nicht ihr Anliegen, dass ich mich meiner neuen Clique zugehörig fühlte. Sie waren misstrauisch, meinten, das wäre nicht der richtige Umgang für mich, zu primitiv und niveaulos. Diese Manipulation und Machtausübung über das Geld ergaben viel Streit. Wenn man unser Verhältnis vor der Pubertät vielleicht gerade noch als ausreichend (Note Vier) bezeichnen konnte, so rutsche es jetzt auf eine glatte Sechs, ungenügend. Aber nach zähen Verhandlungen wurde mein Taschengeld schließlich erhöht, ich musste davon allerdings alle Schulsachen und meine Kleidung kaufen.

So fühlte ich mich mit 13 Jahren erwachsen und zugleich einsam. Meine Freundin hatte genug Geld und eine Familie. Ich war neidisch auf sie, auf das Nest, das immer auf sie wartete. Jahrzehnte später habe ich erfahren, dass ihre Mutter heimliche Analphabetin war und ihr Vater dies durchaus gut fand. Er wollte der Star sein, der seinen Kindern bei den Hausaufgaben helfen konnte, und seine Frau in Abhängigkeit halten. Aber seine Frau hatte ein großes, liebendes Herz. Darin hatte auch ich für einige Zeit einen Platz, was damals viel für mich bedeutete.

Motorradclique

In der Schule lief es so mittelprächtig, aber in Mathe war ich wirklich schlecht und ich wollte auf keinen Fall sitzen bleiben. Dies hätte geheißen, wieder in eine neue Klasse zu müssen und noch länger von zu Hause abhängig zu sein. Ich bat um Hilfe und meine Eltern organisierten daraufhin einen pensionierten Mathematiklehrer, der mir Nachhilfeunterricht gab. Das half, wenn auch nur langsam, aber die Sechsen mutierten zu Vieren.

Im Jugendzentrum fühlte ich mich wohl. Ich ging auch allein dorthin, wurde manchmal zu einer kleinen Motorradfahrt eingeladen, was immer spontan möglich war, denn Helmpflicht gab es noch nicht. Wir redeten über Gott und die Welt und hatten es voll im Griff, das Leben. Ich gehörte dazu und die Leute freuten sich, mich zu sehen. Irgendwie fühlte ich mich lebendig, aber nur, wenn ich im Jugendzentrum war. Wenn ich diesen Ort verließ, wurde es wieder still und einsam. Ich lebte in zwei Welten, einer lauten, oberflächlichen Traumwelt und der einsamen Realität, die sehr mühsam und dunkel war.

> Ich lebte in zwei Welten, einer lauten, oberflächlichen Traumwelt und der einsamen Realität, die sehr mühsam und dunkel war.

Die Schule hatten meine neuen Freunde schon hinter sich gelassen. Einige machten eine Ausbildung, mancher war arbeitslos oder musste sich von einem Gefängnisaufenthalt erholen. Es war eine bunte Truppe von Menschen. Meine schulischen Leistungen fanden meine Eltern nicht gerade prickelnd – aber was sollten sie machen? Den Konfirmandenunterricht besuchte ich brav und in die Schule ging ich auch. Meine Eltern kannten meine Freundinnen und Freunde nicht, aber das war nun mal so.

Mein Bruder hatte inzwischen die Realschule abgeschlossen und war mit sechzehn Jahren ausgezogen. Für den Mietvertrag brauchte er eine Bürgschaft meiner Eltern und die bekam er auch. Denn meine Mutter konnte es mit ihm nicht mehr aushalten. Umgekehrt war das nicht anders. Er machte eine Ausbildung zum Krankenpfleger und war Hobbyschrauber. Motorräder waren seine Leidenschaft. Er reparierte sie und genoss es, sie zu fahren.

Liebe, Pubertät, Traum und Wirklichkeit

Und dann verliebte ich mich in einen siebzehn Jahre alten Jungen. Nein, eher in einen Mann, denn er sah aus wie 23. Er hatte gerade eine Ausbildung zum Schreiner angefangen und es herrschte ein rauer Ton im Betrieb: Lehrlinge im ersten Lehrjahr waren die »Saustifte«, die im zweiten Lehrjahr die »Stifte« und im dritten waren sie dann die Lehrlinge. Damals herrschte ein großer Ausbildungsplatzmangel. Am Feierabend war mein Freund im Jugendzentrum oder er arbeitete zusätzlich mit dem Anführer unserer Clique abends bei einem Holländer. Sie stellten Blumen, die in Kartons im Kühlhaus lagen, in Wassereimer, damit diese dann am nächsten Tag auf dem Markt verkauft werden konnten. Diese Tätigkeit fand dreimal in der Woche statt und dauerte zwei Stunden. Plus An- und Abfahrt. Da wir uns ab und zu unterhalten hatten und er mich öfter zu einer Motorradrunde einlud, ergab es sich, dass ich bei der Blumenarbeit mithalf. Mit meiner Unterstützung ging die Arbeit dann etwas schneller und mir machte es Spaß. Er kaufte mir einen Sturzhelm für das Motorradfahren und wir stürzten uns beide in unsere erste große Liebe. Plötzlich war mein Leben auf den Kopf gestellt: Ich war motiviert für die Schulaufgaben und freute mich, nicht mehr allein zum Jugendzentrum laufen zu müssen, sondern mit meinem Freund dorthin fahren zu können. Die Feierabende waren ein Traum. Ich war nicht mehr allein, musste nicht nach Menschen suchen, die mich sahen oder nach mir fragten. Nun hatte ich einen großen, starken Mann, den ich über alles liebte. (In Wirklichkeit war er etwas kleiner als ich, wenn er seine Plateauschuhe auszog.)

Für mich stellte sich nun die Frage nach der Verhütung. Deshalb empfahl mir eine Freundin einen Frauenarzt, bei dem sie auch war. Sehr schüchtern machte ich mich allein auf den Weg zu seiner Praxis. Anders als erwartet ging es dann doch ganz schnell und ich hatte das Rezept mit der Pillenverordnung in der Hand. Ich war 14 Jahre alt.

Mein Freund kam aus einem schwierigen Elternhaus. Sein Vater arbeitete bei der Polizeibehörde, war aber leider Alkoholiker und nach der Arbeit immer in der Kneipe. Seine Mutter war nett und freute sich, dass ihr Sohn eine ordentliche Freundin hatte. Ich war immer willkommen, aber nur, wenn der Vater nicht da war. Dann machten wir uns schnell aus dem Staub.

Bei mir zu Hause waren wir nie. Wenn mein Freund mich nach seiner Arbeit oder am Wochenende abholte und ich das Knattern des Mopeds hörte, kam ich ihm schon aus dem Haus entgegen. Und spätabends oder nachts wurde ich wieder vor der Haustür abgesetzt. Meine Eltern hätten ihn gerne eingeladen und kennengelernt, so ganz förmlich, aber das wollte ich nicht. Und er war damit auch sehr einverstanden. Ich erzählte zu Hause nicht viel von ihm. Schon die Reaktionen meiner Eltern auf das wenige, was ich ihnen sagte, reichten mir.

Mein Leben bestand jetzt aus nächtlichen Touren zu Discos nah und fern. Sonntags wurden Motorradtreffen besucht und vorher alle Chromteile am eigenen coolen Bock poliert. Arbeiten bei den Blumen, Abhängen im Jugendzentrum, Leute anpöbeln und brav zur Schule gehen. Zwei kleine Motorradunfälle hatten wir, von denen ich aber zu Hause nichts erzählte. War doch nicht erwähnenswert, Zähne zusammenbeißen und abwarten. Ich hatte große Angst davor, mich nicht mehr mit meinem Freund treffen zu dürfen. Bei meinen Klassenkameraden war ich nun angesehen, ich war selbstbewusster geworden, konnte coole Geschichten erzählen und war gefühlt fünf Jahre älter als die Bubis in meinem Jahr-

> Mit 14 hatte ich meinen ersten Freund und wir stürzten uns beide in unsere erste große Liebe. Plötzlich war mein Leben auf den Kopf gestellt.

gang. In der neunten Klasse kam noch ein nettes Mädchen vom Gymnasium zu uns und wir wurden schnell dicke Freundinnen.

Diese goldene Zeit sollte fünf Monate dauern, dann bekam ich einen »nervösen Magen« und musste mich oft am Tag übergeben. Die Discoabende waren anstrengend, Zigarettenrauch konnte ich nicht mehr so gut ertragen – aber das Arbeiten bei den Blumen an der frischen Luft lief weiter super. Also ging mein Freund eher allein mit der Clique auf Tour und brachte mich mit seinem Moped nach der Blumenarbeit nach Hause.

Berufswahl

Inzwischen war ich fast fünfzehn Jahre alt und ging in die zehnte Klasse. Ich stand vor der Frage, wie es nach dem Realschulabschluss weitergehen sollte. Wichtige Entscheidungen wurden bei uns zu Hause nicht in Ruhe am Esstisch oder im Wohnzimmer besprochen, sondern zwischen Tür und Angel. Dazu waren die Beziehungen einfach zu spannungsreich. Unsere Mahlzeiten nahmen wir schon gemeinsam ein, aber dabei wurde nicht fröhlich diskutiert oder sich angeregt unterhalten. Meine Eltern kannten aus ihren Familien keine Gesprächskultur, sondern das Oberhaupt der Familie bestimmte, wo es langging, und entschied allein. In dem Zuhause meines Vaters war es der Vater gewesen, der das Sagen gehabt hatte, bei meiner Mutter die Mutter. Und bei uns zu Hause hatte in der Regel meine Mutter die Hosen an. Sie traf die Entscheidungen – und wenn sie nicht so angenommen wurden, hatte sie allen Grund, beleidigt zu sein. Tage- oder sogar wochenlang. Also überlegten wir Kinder in der Regel ganz genau, was wir sagten. Mein Vater hatte immer wieder einmal impulsive Ausbrüche, die immer öfter fester Bestandteil unserer Mahlzeiten wurden und bei denen er dann meist in ein Fettnäpfchen trat.

Also, was sollte ich nach der Schule machen? Meine Eltern wünschten sich für mich, zur Hausfrauenfachschule zu gehen, zwei Jahre Internat. Wir sahen uns die Einrichtung an, die etwa einhundert Kilometer von Kassel entfernt war, aber ich entschied mich sofort dagegen. Das Internat war zwar modern, das Angebot vielleicht ganz interessant, doch dafür war ich blind. In mir war nur die Panik, meinen Freund nicht mehr sehen zu können. Und der Gedanke, unsere Beziehung würde diese Trennung vielleicht nicht aushalten, war beängstigend für mich.

So schade, fand meine Mutter. Sie sei enttäuscht von mir, so eine Gelegenheit würde ich nie wieder bekommen. Sie wären bereit, diese teure Schulausbildung zu bezahlen! Wie könne ich nur so dumm sein, dieses Angebot auszuschlagen. Was ich im Internat alles lernen würde, könnte ich mein ganzes Leben noch gebrauchen: Gartenbau, Ernährungskurse, Kochen …! Ich spürte bei all dem Druck, den sie aufbaute, eher den Wunsch bei ihr, mich schnell loszuwerden: Ich würde ausziehen müssen und könnte nur in den Ferien nach Hause kommen. Sicher steckte auch der Wunsch meiner Eltern dahinter, mich in eine neue Umgebung mit anderen Menschen zu bringen. Sie fühlten sich hilflos, ein liebevolles, ernstes Gespräch zwischen uns war nicht möglich. Und ich war misstrauisch: Was wollte meine Mutter? War es ihr ernst, meinte sie es wirklich gut mit mir? Sie selbst war nicht zur Hausfrauenfachschule gegangen. Auf eine Fachoberschule oder ein normales Gymnasium sollte ich auf keinen Fall gehen, das sei zu schwer für mich und das würde ich ohne Nachhilfe niemals schaffen. Mein Notendurchschnitt war 2,5 und damit wäre ein Wechsel schon möglich gewesen, aber das stand nicht zur Diskussion. Meinen Traum, Lehrerin zu werden, hatte ich sowieso begraben. Also Internat oder Ausbildung, ich hatte die Wahl.

Nein, die hatte ich nicht wirklich. Denn ich wollte nicht von meiner Clique weg, ich brauchte meine Freunde, um Halt zu haben. Der Gedanke, wochenlang woanders zu wohnen, machte mir Angst. Also musste ich mich für eine Ausbildung entscheiden.

Jetzt wurde mein Vater aktiv und besorgte mir einen Termin beim Arbeitsamt. Wir hatten ein gutes Beratungsgespräch, in dem der Sachbearbeiter mir eine Ausbildung zur Zahntechnikerin oder Augenoptikerin vorschlug. Daraufhin organisierte mein Vater einen Praktikumstag im Zahntechnikerlabor unseres Zahnarztes. Es war schrecklich laut dort und man hatte keinen Patientenkontakt. Nur an seinem Platz zu sitzen und entweder mit Gips, Keramik, Metall oder Gold zu arbeiten, fand ich öde.

Also entschied ich mich für eine Ausbildung zur Optikerin. Ich bin meinem Vater bis heute noch sehr dankbar, dass er mir dabei geholfen hat. Allein hätte ich das nicht geschafft und auch die Bewerbung war mit seiner Hilfe ein Erfolg. Ich gehörte zu einem geburtenstarken Jahrgang und es gab viele Bewerber auf einen Platz, doch ich fand eine Lehrstelle in Kassel am Friedrichsplatz. Ich war glücklich, die nächsten drei Jahre waren sicher und danach würde ich von zu Hause ausziehen können. Meine Mutter konnte mit diesem Kompromiss auch leben, diese drei Jahre würde sie noch durchstehen, aber dann sei Schluss, gab sie mir zu verstehen.

Ein Albtraum beginnt

Langsam, aber stetig wurde ich immer dünner und deshalb wollte mich meine Mutter zum Hausarzt schleppen. Da mich das ständige Übelkeitsgefühl auch ziemlich nervte, ließ ich mich darauf ein und kam mit. Der Doktor meinte dann, wir sollten den Frauenarzt aufsuchen. Oh, war mir das peinlich! Mit meiner Mutter zu meinem Gynäkologen zu gehen, der kaum Deutsch sprach. Dieser stellte dann fest, dass ich im vierten Monat schwanger war. Aber wie konnte das sein? Ich hatte doch verhütet. Nein, das konnte nur ein böser Traum sein, aus dem ich gleich erwachen würde. Während meine Mutter mit dem Arzt die nächsten Schritte verhandelte, saß ich daneben, aber die beiden taten so, als wären sie allein im Sprechzimmer. Ich hätte mich am liebsten in Luft aufgelöst. Aber wie Luft behandelt zu werden, das war schrecklich. Wie betäubt lief ich hinter meiner Mutter her, als sie zur Anmeldung ging und viele Formulare entgegennahm. Während der Rückfahrt herrschte eisige Kälte, meine Mutter sprach kein Wort mit mir. Zu Hause musste ich sofort in mein Zimmer gehen und meinen Freund durfte ich nicht mehr treffen. Sie ließ sich seine Telefonnummer vom Betrieb geben und rief ihn an, damit er nicht vorbeikam, um mich abzuholen. Ich war schockgefroren, saß da, fühlte nichts, war starr und wartete, bis mein Vater nach Hause kam. Es dauerte eine Ewigkeit.

Was dann folgte, war ein einzigartiger Albtraum. Mein Vater war hilflos und wurde auch gar nicht gefragt. Auch von mir wollte keiner wissen, was ich denn jetzt machen wollte und wie es mir ging. Und dann diese Übelkeit, mindestens siebenmal am Tag musste ich mich übergeben. Ich hatte eine Lehrstelle und durfte mir doch nicht mein Leben verbauen. Meine Mutter bestand immer wieder darauf, dass mein Körper eine normale Schwangerschaft überhaupt nicht durchhalten würde. Das hatte sie mit meinem Frauenarzt so entschieden. Irgendwann glaubte ich ihr das auch und durfte mein Zimmer verlassen, aber nur unter der Bedingung, keinem etwas von meiner Schande zu erzählen.

Meinen Freund durfte ich abends zwar anrufen, aber da war er bei der Blumenarbeit und daher konnte ich ihn nicht erreichen. Ich verabredete mit seiner Mutter, dass er doch bitte am nächsten Tag nach der Arbeit bei mir vorbeikommen möge, ich müsste ihm etwas Wichtiges sagen. Ich hatte Hausarrest, in die Schule schickte meine Mutter eine Krankmeldung. Das Warten, bis der Tag um war und mein Freund angeknattert kam, schien eine Ewigkeit zu dauern. Ich war immer noch starr, in mir ein heranwachsendes Kind? Diese Tatsache machte mich zur Aussätzigen, die das Haus nicht verlassen durfte. Nicht einmal in den Garten durfte ich gehen. Hatte ich denn eine ansteckende Krankheit? Ich war eingesperrt. Alleinsein, dieses Gefühl kannte ich! Wäre es nicht am besten, wenn ich bei der Abtreibung sterben würde? Wozu noch weiterleben? Ein riesengroßes schwarzes Loch umgab mich. Und dann die Übelkeit, ganz real zum Klo laufen, würgen, Galle spucken und wieder in mein Zimmer gehen. In meinem Kopf herrschte ein so schlimmes Chaos, wie ich es noch nie erlebt hatte.

Als mein Freund schließlich auftauchte, blieb mir nichts anderes übrig, als vor unsere Haustür zu gehen und ihm – während er vor seinem Motorrad stand – von meiner Schwangerschaft zu berichten. Es war die Hölle und ich sah so aus, als wäre ich ihr gerade entkommen: völlig verheult und fertig. Er war von der Nachricht komplett überfordert, hielt aber die Idee mit der Abtreibung für eine gute Lösung. Dann düste er ab und ich begab mich wieder in die Einzelhaft.

Für mich ging es anschließend zum Psychologen, zu einem weiteren Frauenarzt und zu einer Beratungsstelle bei Pro Fa-

> Wäre es nicht am besten, wenn ich bei der Abtreibung sterben würde.

milia. Vor jedem Gespräch redete meine Mutter pausenlos auf mich ein, was ich denn zu sagen hätte. Eine Abtreibung war illegal, darum musste eine Scheinindikation her. Alle waren sich sicher, dass für ein fünfzehn Jahre altes Mädchen mit einer starken Mutter in Begleitung diese Lösung das Richtige war.

Ich fühlte mich wie eine Puppe, wie ein Roboter, der fremdgesteuert wird. Und ich war von einer großen Angst gepackt. Ich ging in Räume, die ich nicht betreten wollte, sagte Dinge, von denen ich nie gedacht hätte, dass ich sie aussprechen würde, ließ mich untersuchen von Menschen, die in mir Panik auslösten. Aber ich durfte und konnte nicht anders, ich war wie gelähmt, das Programm funktionierte perfekt. Aber es war nicht mein Programm!

Der Kontakt zu meinem Freund wurde mir bis zum Eingriff untersagt. Nur einmal haben wir uns getroffen, da holte mich seine Halbschwester ab. Sie war fünfzehn Jahre älter und bekam gerade ihr erstes Kind. Wir – sie, ihr Mann, mein Freund und ich – gingen in ein Restaurant, um über die Abtreibung zu sprechen. Sie bot mir ganz lieb ihre Hilfe an, doch ich merkte, wenn ich jetzt einen Rückzieher machte, würde mein Freund unser Verhältnis beenden und zu Hause wäre der Teufel los. Davor hatte ich schreckliche Angst. Mein Freund war erleichtert, sein Vater würde nichts von alldem mitbekommen. Augen zu und durch. Ich wurde nach Hause gebracht und fühlte überhaupt nichts. War doch gut gelaufen, dieser Ausflug der besonderen Art!

Meiner neuen Klassenkameradin erzählte ich von meiner Schande, sonst war ich still. Auch in mir war alles still. Inzwischen war ich in der sechzehnten Woche schwanger und die Übelkeit hatte nachgelassen.

Der Termin des Eingriffs wurde in die Woche unserer Abschlussklassenfahrt gelegt, die nach Jugoslawien ging. Ich kam in die städtischen Kliniken in Kassel und war wieder ganz allein. Ein tiefes schwarzes Loch breitete sich in meinem Herzen aus. Was tat ich da? Ich fühlte mich so schrecklich einsam und nun sollte ich das verlieren, was mir eine Möglichkeit gab, für irgendjemanden einen Sinn zu machen. Wer brauchte mich, wer wollte mich, wozu dieses Leben? Es war ein einziger Kampf. Und nun kämpfte ich hier auch nicht mehr, ich war eine Versagerin, eine totale Niete, mein emotionales Herz war tot.

Als ich aus der Narkose aufwachte, war mir nicht mehr übel. Die Sonne schien, ich weiß es noch ganz genau. Ich hatte etwas sehr Wichtiges hinter mir, doch was lag vor mir? Auf der gynäkologischen Station waren viele Neugeborene. Wenn ich vor der Glasscheibe des Säuglingszimmers stand, konnte ich nur noch heulen.

Während meines einwöchigen Krankenhausaufenthaltes besuchte mich mein Freund zweimal. Auch meine Eltern und mein Bruder mit Freundin kamen. Ich fühlte mich wie ein kleines Kind, dem man den Blinddarm entfernt hatte. Alle waren fröhlich und freuten sich über meine zurückgekehrte Gesundheit. Sie brachten mir Saft und Schokolade mit, aber es fühlte sich alles so falsch und verlogen an.

Nachts weinte ich, hielt mir die Ohren zu, wenn die Säuglinge auf Station schrien, und war so leer. Warum war ich nicht bei dem Eingriff gestorben? Dieses große schwarze Loch, das sich in mir auftat, verschluckte mich vollständig.

Nun sollte ich wieder selbst denken, wieder normal sein und das Programm der Fremdsteuerung war gelöscht. Aber ich war nicht mehr dieselbe Christiane, ich war mir fremd geworden.

Als meine Mutter mich aus dem Krankenhaus abholte und mich nach Hause brachte, sollte ich im Haus bleiben. Sie verbot mir, auf die Straße zu gehen, weil sie dachte, man sähe mir die Abtreibung an. Nach zwei Wochen fing mein Hirn wieder an zu denken. Wieso sollte ich zu Hause bleiben? Ich musste doch in die Schule, musste meinen Realschulabschluss schaffen, meine Ausbildung beginnen. Das war doch das Programm. Dies teilte ich meiner Mutter in einem sehr nachhaltigen Ton mit und ging am nächsten Tag wieder zur Schule.

Wie früher holte mich mein Freund nach seiner Arbeit ab.

Wir fuhren zu den Blumen, ins Kino und zur Pommesbude, aber es war komisch zwischen uns. Gemeinsame Aktivitäten waren immer schön, fröhlich oder innig gewesen. Über komplizierte Dinge oder Personen redeten wir wenig, und schon gar nicht über unsere Gefühle. Er hatte mir ziemlich am Anfang unserer Beziehung einmal von einer schlimmen Jugendsünde erzählt, das war ein großer Vertrauensbeweis gewesen. Aber jetzt hatten wir uns einfach nichts mehr zu sagen und ich fühlte mich trotz seiner Gegenwart einsam. Was war nur los?

Schlimmer geht immer

Meine Klasse war wieder zurück. Es sei eine tolle Klassenfahrt gewesen und es hätte sich eine gute Gemeinschaft gebildet. Meine Freundin erkundigte sich sehr lieb und leise, wie ich denn die Abtreibung überstanden hätte. Für die anderen Klassenkameraden war ich im Krankenhaus gewesen und hatte aufgrund von Übelkeit, Magengeschwüren oder warum auch immer nicht mitfahren können. Ich war traurig darüber, dass ich nicht mit dabei gewesen war. Alles beim Alten. Schule, Blumenarbeit, eine leere Wiederholung. Wo war die Geborgenheit, die Sicherheit, die Liebe?

Eine Klassenkameradin lud mich dann zu sich nach Hause ein und erzählte mir, dass mein Freund schon seit vier Monaten ein Verhältnis zu einer Frau hatte, in dem Wohnort seiner Schwester.

Heulen, Enttäuschung, Wut, Verwüstung. Alles gleichzeitig und noch vieles mehr an Gefühlen schwappten über mich und ich war am Ertrinken. Am Abend wollten wir wieder Blumen zusammenstellen, aber ich konnte unmöglich zu meinem Freund aufs Moped steigen und mitfahren. Wann und wo könnte ich mit ihm abrechnen, ihn mit Worten in Schutt und Asche legen? Der Boden unter meinen Füßen tat sich auf und ich fiel in ein großes Meer, das aus Rache und Hass gespeist wurde.

Ich rief seinen Blumenkumpel an, der mittlerweile ein Auto hatte, einen Ford Capri. Den fragte ich, ob ich bei ihm mitfahren könnte. Er wusste um die Situation; anscheinend war ganz Kassel informiert, nur ich nicht.

Mein Freund würde mich sicher wieder zu Hause abholen wollen, aber ich würde nicht da sein und würde auch nicht aus dem Haus kommen. Ob er geklingelt hatte? Ich weiß es nicht, jedenfalls fuhr er allein zum Holländer.

Ja, und da wartete ich dann auf ihn. In mir tobte ein Meer schwarzer Gefühle und eine seltsame, dumpfe, zerstörerische Wut. Es kamen Worte aus meinem Mund, die ich nie wieder zu jemandem sagen würde, und es wurde alles vernichtet, was in fast einem Jahr Freundschaft für mich gewachsen war. Ich hatte nichts mehr zu verlieren, alles Reale und alle Träume waren zerstört. Wer war schuld daran? Mein Freund, meine Mutter, ICH?

War das Liebe, kannte ich das Gefühl? Was ist Liebe überhaupt?

Was ist Vertrauen? Wem konnte ich noch vertrauen?

Woher kam diese Sehnsucht nach Liebe und Geborgenheit?

Konnte ich nicht auch ohne diese ganze Gefühlsduselei leben?

Aber ich fühlte diese Leere und hatte diese Sehnsucht.

Ich litt unter all dem Falschen und Verlogenen und wurde nicht fertig damit, darüber nachzudenken, zu grübeln und immer wieder von vorn anzufangen.

Ins Jugendzentrum ging ich nicht mehr. Ich machte meinen Realschulabschluss und schwor mir, nie wieder zur Schule zu gehen. Na gut, die Berufsschule, die würde ich zur Not noch überstehen.

Der Gedanke, irgendwann noch einmal schwanger werden zu können, erschien mir sehr unwahrscheinlich. Eigentlich wollte ich später einmal eine Familie haben, mit vielen Kindern. Und ich wollte auch eine bessere Mutter sein und eine glückliche Ehefrau und es ganz anders machen als meine Mutter. Aber jetzt war alles zerplatzt. Einen Teil davon hatte ich selbst zerstört und gelernt, was es hieß, erwachsen zu sein und nicht zu merken, wie man belogen und betrogen wurde. Ich konnte nichts tun, nur alles in Schutt und Asche legen.

> Ich wollte eine bessere Mutter sein und eine glückliche Ehefrau und es ganz anders machen als meine Mutter. Aber jetzt war alles zerplatzt.

Ich kämpfte mit Selbstmordgedanken, hatte aber keinen, dem

ich mich anvertrauen konnte. Ich war so allein und niemand würde mich vermissen.

In den acht Wochen zwischen Schulabschluss und Lehre arbeitete ich mit meiner ehemaligen Klassenkameradin bei Mercedes in der Putzkolonne. Nach vier Wochen ging ich aber nicht mehr hin. Meiner Freundin sagte ich nicht Bescheid, sondern kam einfach nicht mehr. Wir haben uns danach nie wiedergesehen. Sie fühlte sich bestimmt im Stich gelassen, aber ich konnte nicht mehr. Ich lag auf meinem Aschehaufen und hatte Angst vor mir selbst. Meine Schul- und Jugendzentrumzeit waren zu Ende und ich war es auch!

Bei einem Klassentreffen vierzig Jahre später erfuhr ich, dass mein damaliger Freund seine Ausbildung abgebrochen hatte und seither in einer Fabrik arbeitete. Er lebte als Single, hatte nie geheiratet und war kinderlos geblieben.

Nicht nur ich lag wohl auf einem Aschehaufen!

Ausbildung und Licht am Horizont

Mit fünfzehn fing meine Ausbildung an. Das hieß für mich: morgens eine Viertelstunde zur Haltestelle laufen, dann zwanzig Minuten mit der Straßenbahn fahren, acht Stunden Arbeit, eine Stunde Mittagspause und wieder zurück. Eine achtzehnjährige Abiturientin hatte mit mir die Lehre angefangen. Wir mochten uns und waren uns einig, dass unser Ausbildungsmeister als Choleriker einzustufen war. Doch die zwei Gesellen waren nett und es lief gut, auch wenn die Arbeit anstrengend war. Einen Tag in der Woche hatte ich bis mittags Berufsschule, die restlichen Wochentage musste ich acht Stunden arbeiten, am Samstag waren es vier. Jede Woche hatte ich einen Bericht zu schreiben und noch einen Monatsbericht über alles Gelernte. Dazu noch für Klausuren büffeln. Im Handwerklichen war ich geschickt, aber diese ganze physikalische Optik und die Mathematik waren nicht mein Ding.

Nun konnte ich nur noch am Wochenende an zwei Abenden in die Disco, mein Leben war ausgebucht und so tat ich, was von mir erwartet wurde. Ich war freundlich, pünktlich, still und innerlich traurig. Sinnlosigkeit füllte meinen Kopf aus. Ich hatte einen Menschen umgebracht, es einfach so zugelassen – wozu wäre ich sonst noch in der Lage? Meine Umgebung war von meinem Leben begeistert, ich nicht. Oberflächlich gesehen war alles im grünen Bereich, aber in mir war es schwarz und leer, langweilige Wiederholungen.

Von meinem ersten Lehrgeld kaufte ich mir einen kleinen Fernseher und holte alles nach, was ich früher nicht sehen durfte. Als die Albträume dann zu doll wurden, begann ich, etwas wählerischer mit meinem Fernsehprogramm zu werden.

Im zweiten Ausbildungsjahr traf ich einen früheren Klassenkameraden in der Disco. Auch er machte eine Ausbildung. Seine Freundin, mit der er drei Jahre zusammen gewesen war, hatte mit ihm Schluss gemacht. Ich war auch weiter solo und so trösteten wir uns mit einer gemeinsamen Beziehung.

Er hatte einen zehn Jahre älteren verheirateten Bruder. Mindestens zweimal die Woche besuchten wir die beiden, wir kochten zusammen, erzählten und lachten viel. Mit meinem neuen Freund bekam ich ein neues Zuhause. Alle waren sehr nett, seine Eltern, sein Bruder und besonders seine Schwägerin. Sie war mein großes Vorbild und ermutigte mich auch, mit dem Nähen anzufangen. Ich kaufte mir eine Nähmaschine und nähte mir bald an einem Abend eine Hose oder ein anderes Kleidungsstück. Meine neue Freundin war selbst sehr geschickt und freute sich über meine Näherfolge. Sie brachte mir auch das Kochen bei und ich lernte sogar Backen. Die gemeinsamen Malzeiten waren immer ein Fest für mich. Es schmeckte so lecker und die Stimmung am Tisch war so fröhlich, so friedvoll. Wir blieben noch lange nach dem köstlichen Nachtisch sitzen und erzählten vom Arbeitstag und was uns so beschäftigte.

Bei uns zu Hause waren Kochen und Backen sehr komplizierte Tätigkeiten, die meine Mutter nur mit sehr viel Aufwand und Mühe vollbringen konnte. Nun lernte ich, dass Pflichten auch Spaß machen konnten, und so gab es abends nicht immer nur die Fertigpackung Miracoli oder in der Mittagspause eine Bratwurst. Zu Hause blieb die Küche von meiner Seite meistens kalt, doch ich würde ja bald ausziehen. Darauf freute ich mich sehr und hatte die Hoffnung, wenn ich erst einmal meine Lehre beendet hätte und eine eigene Wohnung beziehen würde, ginge mein Leben so richtig los. Mein Herz lief auf Sparflamme, aber die Hoffnung auf die Zukunft reichte, um trotzdem weiterzumachen. Würde es möglich sein, dass mein Freund und ich ein Paar wurden und eine Familie gründeten, in der so viel Wärme und Freude war?

Nun war ich motiviert, mein Zimmer zu renovieren. Selbst ist die Frau, das hatte ich schnell gelernt. Was ich anpackte, wurde zwar nicht perfekt, aber es passte zu meinem Geschmack. Als neue Farbgestaltung wählte ich Schwarz-Weiß. Zwei Wände weiß, eine schwarz mit weißem Schienenregal und eine Wand mit Gesichtern: weißer Untergrund und Gesichter in schwarzen Punkten, ca. 80 x 80 cm groß. Die Tür wurde mit schwarzer Folie beklebt und der Türrahmen schwarz gestrichen. Als Sofa bezog ich Matratzen mit schwarzem Cordstoff. Ich fand meine Arbeit gelungen, mein Freund auch – nur meine Eltern nicht. Jetzt hatte ich in ihren Augen aus dem schönen Zimmer eine Höhle gemacht. Stimmt, es war dunkler, als es wegen des kleinen Fensters sowieso schon war, aber es passte besser zu mir. In mir gab es noch mehr Dunkelheit, aber das wusste keiner und wollte auch keiner hören.

Mein Freund liebte mich und sein Auto. Wir hatten beide den Führerschein gemacht und seine Eltern schenkten ihm ein Auto. Jeden Samstag wurde dieses Gefährt gründlich gewaschen, von innen und außen. Ansonsten sahen wir am Wochenende gemeinsam fern, wir besuchten den Bruder und gingen ab und zu mal essen oder in die Disco. Freunde in unserem Alter hatten wir wenige. Zu Hause bei mir waren wir nur selten. Ich durfte bei meinem Freund gerne am Wochenende übernachten, seine Eltern hatten nichts dagegen.

Die ersten beiden Zwischenprüfungen machte ich im Praktischen gut, aber in der Theorie waren die Noten gerade so befriedigend oder ausreichend. Sollte ich die Gesellenprüfung nicht schaffen, hätte das bedeutet, noch ein Jahr länger bei meinen Eltern wohnen zu müssen. Und das war undenkbar! Ich musste hier raus, meine Mutter freute sich schon auf das frei werdende Zimmer. Also machte ich mir einen Lernplan, mein Freund musste ja auch für seine Prüfung lernen und so wurden die gemeinsamen Fernsehabende erst einmal gestrichen.

Auf die Besuche bei seinem Bruder und seiner Frau freute ich mich und die ließen wir auch nicht ausfallen. Sie wollten ein Haus bauen, das erste Kind war unterwegs und doch waren wir immer willkommen. Wir besuchten am Wochenende zusammen Fertighausausstellungen, planten und diskutierten über Vor- und Nachteile von Materialien, über Energieverbrauch und schauten uns Baugrundstücke an. Ich lernte so ganz nebenbei, dass man über alles reden kann. Dass man verschiedener Meinung sein darf, ohne sich gleich anzuschreien, beleidigt aus dem Zimmer zu rennen oder Türen zu knallen. Diese Gesprächskultur hatten mein Freund und sein Bruder nicht in ihrem Elternhaus gelernt, sondern die hatte die Schwägerin mit in die Ehe gebracht. Ein großer Schatz, denn die beiden sind jetzt fast fünfzig Jahre verheiratet.

Im letzten Lehrjahr bewarb ich mich, um gleich nach der Gesellenprüfung ausziehen zu können. In Kassel wollte ich nicht bleiben. Sicher würde ich all das Finstere meiner Kinder- und Jugendjahre leichter hinter mir lassen, wenn ich wegzog. Aber zu weit wollten wir auch nicht weg, denn der Kontakt zur Familie meines Freundes war uns beiden wichtig. Ich bekam eine Stelle in Eschwege, fünfzig Kilometer von Kassel entfernt. Mein neuer Chef war noch jung, er hatte erst kürzlich sein Geschäft eröffnet und gab mir die Zusage, dass ich selbst dann, wenn ich durch die Prüfung fallen würde, meine Ausbildung bei ihm beenden könne. Mir fiel ein Stein vom Herzen. Nun durfte ich in einem ganz neuen Geschäft anfangen zu arbeiten, mit einem jungen Team. Meine Zukunft war sicher und es würde alles gut werden.

Wir suchten uns eine gemeinsame Wohnung und mein Freund konnte in einem Nachbarort bei der Bundeswehr beginnen. Damals musste man noch fünfzehn Monate dienen. Er hatte sich für zwei Jahre verpflichtet, um finanziell besser gestellt zu sein.

Meine Gesellenprüfung machte ich im Praktischen, Schriftlichen und Mündlichen mit der Note Eins. Ich schaffte tatsächlich alles super und wurde sogar Hessensiegerin im Handwerk der Augenoptik. Diese Zeugnisübergabe erlebte ich wie in Trance.

Es gab eine schöne Feier, auch mein Freund hatte seine Prüfung bestanden, mit »Gut«.

Zwischenland Eschwege

Wir bezogen eine achtzig Quadratmeter große Dachwohnung mit winzigem Balkon in einem wunderschönen Jugendstilhaus. Dazu gehörten auch eine Garage und ein kleiner Garten. Von dort waren es für mich nur zehn Minuten Fußweg zur Arbeit. Nun wurde die Wohnung eingerichtet. Mein Freund war mit all meinen Gestaltungsvorschlägen ganz und gar einverstanden.

Ich besorgte günstige, antike Schränke und beizte sie im Garten ab, besuchte Flohmärkte, fing mit Aquarellmalen an, kochte und backte. Auch wenn mein Freund oft in der Kaserne übernachten musste, hatte ich doch keine Langeweile.

Meine Arbeitskolleginnen und -kollegen kamen alle aus Eschwege und waren etwas älter als ich mit meinen achtzehn Jahren. Wir hatten gut zu tun, das Augenoptikergeschäft lief super. Alle waren im Verkauf und in der Werkstatt tätig. Unser eingestellter Meister machte zusätzlich noch Refraktionen. Er und eine Kollegin hatten auch den Kontaktlinsenbereich zu versorgen. Hier musste ich neu angelernt werde, aber meine Hauptaufgabe waren die Brillen. Wir waren immer zu viert: ein Meister, zwei Gesellinnen und unser Lehrling. Unser Chef kam manchmal dazu, wenn seine Kunden einen Termin bei ihm hatten. Jeder kannte jeden. Eschwege ist zwar eine Kleinstadt, aber eigentlich möchte es ein Dorf sein. Beim Metzger nebenan holten wir abwechselnd unser Frühstück und in der zweistündigen Mittagspause wurde das Geschäft geschlossen und wir unternahmen etwas zusammen. Es war eine sonnige Atmosphäre zwischen uns und die Arbeit machte viel Freude.

Durch das Team im Geschäft und die neue inspirierende Familie bekam ich immer mehr Freude am Lesen. Ich kaufte mir Fachbücher für Gartenbau und bepflanzte und besäte unser Gärtchen mit Mais, Kartoffeln, Möhren, Rosenkohl, Blumen und vielem mehr.

Kunstbücher waren Vorlagen für meine eigenen Bilder, mit denen unsere Wohnung verschönert wurde. An einem antiken klassizistischen Sofa, das ich günstig erstanden hatte, lernte ich das Polstern. Dieses Möbelstück wurde in unserem Wohnzimmer ein Hingucker.

Die Besuche in Kassel wurden seltener, wir fuhren nicht mehr jeden Samstag hin. Der Alltag wurde zur Routine und ich hatte keine Lust mehr, jedes Wochenende das Auto zu wienern.

Meine Arbeit machte mir Spaß und schon am Sonntag freute ich mich auf den Montag. Die Gespräche in der Werkstatt mit meinen Arbeitskollegen gaben mir viel. Immer wieder verwickelte mich unser Meister, der Mitglied der Kirche in Eschwege war, auch in Gespräche über Gott. Er erzählte mir oft die Predigt des letzten Sonntags nach. Ich fand das interessant und es machte mich nachdenklich.

Einmal stellte mir unser Meister die Frage: »Wenn es Gott gibt, wäre es da nicht schade, wenn du so lebst, als wenn es ihn nicht gäbe?« Er selbst war frisch verheiratet und er und seine Frau gingen seit zwei Jahren in die Landeskirche und in einen »Hauskreis«. Ich selbst war aus der Kirche ausgetreten, als ich meine erste Ausbildungsvergütung bekommen hatte. Mit Gott und Jesus konnte ich nichts Lebendiges verbinden, Kirche war eine Institution. Der Weihnachtsgottesdienst war mein einziger Kontakt zur Kirche, aber was da genau gefeiert wurde, war für mich unklar – Tradition ohne Inhalt. Es wurde eben bei meinen Eltern so gemacht und ich fand den friedvollen Abend immer sehr schön. Es gab leckeres Essen, Kartoffelsalat mit Würstchen und köstliche Plätzchen. Die letzten

Einmal stellte mir unser Meister die Frage: »Wenn es Gott gibt, wäre es da nicht schade, wenn du so lebst, als wenn es ihn nicht gäbe?«

Jahre war mein Bruder an Heiligabend nicht mehr dabei gewesen, aber am ersten Weihnachtstag kam er mit seiner Freundin dazu. Für mich war Weihnachten zu einem reinen Familienfest mutiert, in dem wir alle unsere festgelegten Rollen spielten.

Ist da ein Gott?

Durch diese Gespräche in Eschwege war die Frage nach Gott jetzt auf einmal bei mir angestoßen. Ich begann, ernsthaft darüber nachzudenken.

Was war das für ein Gott, wieso ließ er so viel Leid zu, in der Welt und in meinem Leben? Sinnfragen plagten mich. Wer wollte mich wirklich? Gab es mich aus Zufall? Und was geschah nach dem Tod? Hatte mein kleiner abgetriebener Fötus schon einen Geist und war der irgendwo? Immer wieder grübelte ich: War das alles? Von außen betrachtet war mein Leben super, doch ich fühlte mich innerlich immer noch stumpf und freudlos. Klar, ich lachte, ich arbeitete gerne, ich hatte Hobbys und Freunde. Aber wenn keine Ablenkung da war, fühlte ich mich allein, traurig und leer.

Was hatte ich für eine Sehnsucht, warum konnte ich nicht glücklich sein? Stimmte der Satz, den ich als Kind oft gehört hatte: »Christiane, du bist undankbar.«? Wenn es nur um Leistung und Funktionieren ging, gab ich mein Bestes und ich fand, dass ich es gut machte. Aber mit Zufriedenheit und Glück oder Dankbarkeit hatte das nichts zu tun. War ich falsch in dieser Welt? Es musste doch eine echte Freude geben, Frieden, Liebe, Gefühle! Lieder, Filme, fast alles drehte sich um Liebe. Kannte ich diese Liebe?

Liebte ich meinen Freund wirklich oder führten wir inzwischen eine Gewohnheitsbeziehung? Ich liebte ihn doch und auch seine Familie, oder etwa nicht? Waren wir füreinander bestimmt, und wenn ja, von wem? Oder machte ich jetzt den Fehler meines Lebens? NEIN, den hatte ich schon längst gemacht! Also weiter so!

Es gab noch mehr, als ich sehen und anfassen konnte, das war klar. Beweisen konnte ich das zwar nicht, aber nur Naturwissenschaft war auch zu wenig. Es konnte doch nicht alles nur Zufall sein, dass ich in Deutschland lebte, dass ich nun hier arbeitete und diesen Freund hatte, dass ich zu einer Familie gehörte. Mein Meister und Albert Einstein waren sich einig: »Zufälle sind das anonyme Handeln Gottes.« Aber was glaubte ich?

Dieser Satz »Wenn es Gott gibt, wäre es doch schade, wenn du so lebst, als wenn es ihn nicht gäbe« ließ mich nicht los.

Ich besorgte mir Literatur über den Hinduismus, den Buddhismus, den Islam und das Judentum. Über die christliche Lehre bekam ich in der Werkstatt beim Gläserschleifen und Brillenmontieren spannende Vorträge zu hören – von unserem Optikermeister. Es waren herausfordernde Gedanken. Meine Literaturrecherchen betrieb ich ein knappes Jahr und hinterfragte alles. Viele Mittagspausen verbrachte ich mit meinen Arbeitskolleginnen und -kollegen und wir diskutierten. Die Frau meines Meisters lernte ich kennen und auch sie nahm sich Zeit für mich und meine Gedanken.

Im Folgenden möchte ich einmal versuchen, in Kürze wiederzugeben, was ich damals über die Weltreligionen herausfand.

Meine Recherchen über die Weltreligionen

Hinduismus, 1750 v. Chr.

Der Hinduismus, die weit vor dem Buddhismus entstandene Religion, hat viele Gemeinsamkeiten mit ihm. Unterschiede gibt es vor allem in zwei Punkten. Im Hinduismus gibt es viele Götter, im Buddhismus keinen Gott. Ein weiterer Unterschied ist die Aufteilung der Menschen in vier Hauptkasten, viele Unterkasten und die Kastenlosen oder Unberührbaren. Ähnlich wie im Buddhismus geht es um das Ansammeln von guten Taten, damit sich das Karma verbessert und der Mensch in dem ewigen Kreislauf (Samsara) des Seins zu höheren Existenzweisen gelangt, wie als

Brahmane oder Yogi wiedergeboren zu werden und schließlich in das Nirwana eingehen zu können. Die vielen Gottheiten, drei Hauptgötter und Millionen von Unter- und Nebengöttern, haben alle ihre Aufgaben. Die Götter werden in mancher Hinsicht sehr menschlich gesehen. Eine Tempelhalle zum Beispiel hat statt 100 Säulen nur 99, damit der Gott, für den der Tempel errichtet wurde, nicht neidisch wird auf die Intelligenz des Bauherrn.

Heute leiden immer noch Menschen aus religiösen Gründen an Lepra, obwohl der Staat in Indien eine kostenlose Behandlung anbietet, denn mit einem Antibiotikum ist diese Krankheit gut heilbar. Insbesondere die Mitglieder niedrigerer Kasten begründen ihre Verweigerung der Einnahme damit, dass sie dann in einer noch tiefer stehenden Kaste wiedergeboren würden. Dies wäre die Strafe für ihre mangelnde Schicksalsergebenheit. Wer will schon als Tier oder Stein wiedergeboren werden? Die Wiedergeburt wird viele Male erfolgen, aber dann doch bitte in die nächsthöhere Kaste.

Wenn Mahatma Gandhi sagt: »Sei du selbst die Veränderung, die du dir wünscht für die Welt«, ist das ein toller Satz, aber ein echter Hindu kann ihn oft nicht umsetzen. Denn das Nirwana kann nur im Gehorsam verdient werden.

Für den Hindu ist das Eintreten ins Nirwana die Verbindung mit ewigem Frieden und dem ewig Göttlichen.

Das Lesen dieser Informationen hat mich sehr traurig gemacht, denn die Entwicklung eines Volkes wird durch den Hinduismus in wichtigen Bereichen blockiert. Diese Frage sollte mich später noch einmal beschäftigen und drei Monate nach Indien führen.

Buddhismus, 600 v. Chr.

Der Buddhismus ist eine Erfahrungsreligion, die von Siddhartha Gautama, später nach seiner Erleuchtung Buddha genannt, gegründet wurde. Wie kann es zugehen, dass man erleuchtet wird? Wer hat das Vorrecht, sich so tief in Meditation zu begeben, dass eine Erleuchtung geschehen kann? Gibt es diejenigen Menschen, die wirklich gut sind und keine schlechten Gedanken mehr haben? Die durch ihr mit guten Taten erarbeitetes Karma beeinflussen können, wie sie in Samsara (Kreislauf des Lebens) wiedergeboren werden? Buddha, der die »vier edlen Wahrheiten« für die Menschen formulierte und sein Dharma erfüllte, war dann auch in der Lage, in das ewige Nirwana zu kommen. Nur wer so lebt und ein solches Leben in Abgeschiedenheit, Meditation und Askese besteht und aller Lebenslust und Lebensgier absagt, kann erleuchtet werden.

Was ist die ewige Glückseligkeit, wenn es dort nur Zugang für solche ganz besonderen Menschen gibt? Solche Menschen kenne ich einfach nicht, sie sind nicht auf dieser Welt. Ich konnte nicht glauben, nur reine Gedanken haben zu können. Und wer bestimmte, was rein war? Die Vorstellung von einem Nirwana als höchstem Sein – und gleichzeitig dem Nichts – fand ich beängstigend. Als ich später in einer Statistik sah, dass Buddhisten von allen religiösen Menschen am meisten Angst vor dem Tod haben, leuchtete mir das unmittelbar ein. Es kommt nichts und es gibt auch nichts. Innerlich leer zu werden und es zu sein, ist das höchste Ziel. Wieso konnte es ein so unendlich schwer erreichbares Ziel sein, zu dieser Erleuchtung zu kommen, wenn es gleichzeitig bedeutete, sich im Nichts aufzulösen? Nein, ich bin keine Mystikerin, sondern eine Handwerkerin. Und so war mir diese Lehre, die eine Weltentfremdung idealisiert und den Ausstieg aus dem »Rad des Lebens« zum Ziel hat, einfach nicht plausibel. Was ist das für ein Leben, wenn eine Religion sagt, dass alles, was in uns angelegt ist, wie Freude, Gemeinschaft, Essen, Sexualität – das ganz normale Leben –, minderwertig sein soll und damit circa 99,9 % der Menschheit in Samsara vor sich hin leben, vegetieren und sterben? Das war für mich, die ich auf der Suche nach einem tieferen Sinn meines Lebens war, keine Option.

Islam, 600 n. Chr.

Hier war ich eher überrascht, was ich fand. Ich habe mich nie zum Islam hingezogen gefühlt, da ich das Frauenbild, das ich so nebenbei mitbekommen hatte, merkwürdig und veraltet fand. Aber wenn ich nach Wahrheit fragte, musste ich tiefer einsteigen und nicht bei meinen alten Vorurteilen stehen bleiben.

Mohammed, der Begründer, lebte circa 600 Jahre nach Christus. Viele Stellen im Koran, der Heiligen Schrift des Islam, sind mit Inhalten der Bibel identisch. Mohammed konnte nicht lesen und bekam der Überlieferung nach seine Lehre vom Engel Gabriel übermittelt. Er berichtete diese dann Gelehrten, die sie sorgsam aufschrieben. Jesus ist der Prophet, der am meisten im Koran vorkommt. Jesus hat auch nach islamischer Lehre Wunder getan, Mohammed nicht. Jesus kommt auch nach islamischer Lehre am Ende der Zeit zum Weltgericht. Gott ist der alleinige Schöpfer der Welt und Mohammed der größte, endgültige Prophet.

Gott, Allah, wird allein entscheiden, wer in den Himmel kommt und wer nicht. Dazu gibt es die fünf Säulen des Korans als Maßstab:

1. Glaubensbekenntnis: Es gibt nur einen Gott und Mohammed ist sein Prophet (Schahada)
2. fünfmal am Tag in Richtung Mekka beten (Salat)
3. Fastenzeit, 30 Tage im Jahr (Saum)
4. Bedürftigen helfen (Zakad)
5. einmal im Leben nach Mekka pilgern (Hadsch)

Doch auch wer sich sehr gut verhält und zum Beispiel nicht nur die Gebete hält, sondern sogar nach Mekka pilgert, kann sich nicht sicher sein, dass er in das Paradies kommt. Das Paradies ist auch nicht ein Ort, wo der Gerettete dann Allah nahe ist, sondern dort gibt es menschliche Genüsse im Übermaß, insbesondere köstliches Essen und viele Frauen. (Was will ich mit diesen Frauen?, fragte ich mich.) Allah bleibt auch in der Ewigkeit der ferne, unnahbare Gott. Im Koran kommen zwar Abraham und Mose vor, denen sich Gott zeigt, doch dieser Gott ist dann nach der Offenbarung des Mohammed ein unnahbarer Gott. Dabei sagt Gott auch im Koran – wie im Alten Testament –, dass er derselbe ist – gestern, heute und morgen.

Auf Erden ist es dem Mann erlaubt, mehrere Frauen zu haben, diese muss er alle gleich behandeln. Die Frau jedoch darf nur einen Mann heiraten. Je nach Prägung und Strenggläubigkeit müssen Frauen ab der Pubertät ein Kopftuch tragen. Das steht zwar gar nicht im Koran, ist aber weithin zum Symbol für den Islam geworden.

Wer im Sinne des »heiligen Krieges« (Dschihad) für den Islam kämpft und dabei fällt, kommt mit großer Wahrscheinlichkeit sofort ins Paradies. Bereits zur Zeit Mohammeds wurde viel für den Islam gekämpft und getötet, denn Mohammed lehrte, dass Staat und Religion zusammengehören.

Nein, auch bei näherer Beschäftigung konnte mich diese Religion nicht faszinieren.

Judentum, 1900 v. Chr.

Es war mir schon klar, dass dies eine Religion ist, der ich nicht so einfach angehören kann. Die älteste monotheistische Weltreligion ist die kleinste mit nur circa 14 Millionen Mitgliedern. Woher kommt das? Als Jude oder Jüdin wird man geboren, aber ein Konvertieren ist sehr kompliziert.

Im Judentum gibt es wie in allen anderen Religionen viele Untergruppen, die sich auf die Hauptrichtungen der orthodoxen, der liberalen und der konservativen Juden verteilen. Es gibt einen Schöpfergott, der mit den Menschen zu unterschiedlichen Zeitpunkten Kontakt aufnahm, mit ihnen einen Bund schloss und ihnen Gebote gab. Besonders wichtig sind hier die Gottesbegegnungen mit Abraham, dem Stammvater des jüdischen Volkes, und später mit Mose, der die göttlichen Gebote für sein Volk erhielt. Es sind nicht nur die bekannten zehn, sondern unzählige Vorschriften mehr. Seither ist das Judentum von dem Bemühen geprägt, diese Gebote zu halten. In der Folge wurden sie durch unzählige Schriftgelehrte und Rabbis immer weiter verfeinert und ausgelegt. Für orthodoxe Juden sind die 613 Gebote (Mitzwot) der Thora exakt zu befolgen, die wiederum vielen Auslegungen unterworfen sind. Die Liberalen verstehen nur einige grundsätzliche Gebote als verbindlich und die Konservativen liegen dazwischen – in vielen Ausprägungen.

Für mich blieben viele Fragen offen. Was wäre das für ein Gott, zu dessen Gemeinschaft ich nur dazugehören könnte, wenn ich als Jüdin geboren worden wäre? Und wenn – wie könnte ich dann die unendlich vielen Gesetze halten, um ihm zu gefallen? Und wie könnte ich dann wissen, ob er mich annimmt?

Christentum

Das Christentum ist die größte Weltreligion mit circa 2,3 Milliarden Anhängern. Sie unterteilen sich in Katholiken, Protestanten und Orthodoxe. Das Christentum bezieht sich auf die Bibel mit Altem und Neuem Testament.

Es lehrt, dass Jesus Christus der Sohn Gottes ist, der seinen Jüngern und all den jüdischen und auch nicht jüdischen Menschen seiner Umgebung Gott als ihren »Vater im Himmel« nahebringen wollte: Jeder Mensch könne vertrauensvoll im Gebet Kontakt zu Gott aufnehmen, der an ihm persönlich interessiert sei. Das Christentum hat damit unter allen Religionen eine Sonderstellung. Es ist keine Gesetzesreligion, keine Religion, bei der besondere menschliche oder spirituelle Leistungen belohnt werden, sondern eine Beziehungsreligion.

Äußerlich gesehen geriet Jesus damals zwangsläufig in einen

massiven Konflikt mit traditionellem jüdischem Denken, was schließlich zu seiner Hinrichtung durch eine wutentbrannte Volksmasse führte. Seine zahlreichen Anhänger hielt er davon ab, für ihn zu kämpfen. Sie blieben verängstigt, verwirrt und verzweifelt zurück.

Die große Wende kam erst anschließend. Nach den Berichten der vier Evangelien, viermal jeweils ein bisschen anders erzählt – wie immer bei Zeugenaussagen –, gab es die Auferstehung. Jesus stand von den Toten auf, wie er selbst Tote lebendig gemacht hatte. Immer wieder erschien er seinen Jüngern. Es wird berichtet, wie er ihnen geduldig die vielen alttestamentlichen Prophezeiungen erklärt, die genau das beschreiben, was passiert war: Der lange verheißene Gesandte Gottes, der Messias, kommt auf die Erde und muss leiden, um die Menschen von ihrer Schuld zu erlösen und sie in die Lage zu versetzen, mit Gott direkten Kontakt zu haben. Vollständig »gerecht« zu sein, Kind Gottes zu sein. Nicht aus eigener Kraft. Aber durch seine. Den Jüngern fällt es in diesen neutestamentlichen Berichten wie Schuppen von den Augen: Jesus ist der Messias! Die Erlösung ist geschehen. Sie sind Gottes geliebte Kinder und dürfen mit Gott leben.

Wer ist der richtige Gott?

Nun hatte ich viele Götter und einen Gott mit sehr, sehr unterschiedlichen Eigenschaften kennengelernt. Wie hießen denn nun die Antworten auf meine Fragen: »Woher?«, »Warum?«, »Wozu?«, »Wohin?«?

Immer wieder neu geboren zu werden, sich durch Werke und Gesetze einen guten Platz an einem Ort zu verdienen – an den ich eigentlich gar nicht kommen wollte? Wo es zudem praktisch ausgeschlossen war, ihn zu erreichen? Und an diesem Ort dann ein Nichts vorzufinden, erschien mir irgendwie wirklich trostlos.

Ich lebte in einer so erstaunlichen Welt. Im Mikroskop waren Zellen zu sehen, die kein Mensch bauen konnte, jedes Herz schlägt ganz von allein und transportiert mit dem Blut den Sauerstoff in den Körper, jeder Mensch sieht anders aus, jede Pupille hat andere Pigmente – und dann gab es die Tierwelt in all ihrer riesigen Vielfalt, die Pflanzenwelt, das Weltall. In der Naturwissenschaft wirft jede Antwort zwei neue Fragen auf, hatte ich einmal gehört. Ja, wir Menschen wissen und verstehen unfassbar viel, aber eben doch nicht alles. Sollte das alles nur Zufall sein? Dann wären es für mein Gefühl doch deutlich zu viele Zufälle gewesen. Und hinter allem Sichtbaren gab es einen Geist, jedenfalls hatte ich diesen ja und konnte das alles denken und darüber staunen.

Viel später las ich einen interessanten Satz, der dieses Gefühl auf den Punkt bringt: »Du verwendest deinen Geist, um zu beweisen, dass es nur Materie gibt und keinen Geist.«[1]

Ich sah das Wunder Schöpfung, ich war mittendrin und fühlte mich damals doch nicht wirklich dazugehörig.

Immer wieder fiel mir die Bemerkung meines Kollegen ein: »Wenn es Gott gibt, wäre es schade, wenn du so lebst, als wenn es ihn nicht gäbe …«

---

1 Thomas Nagel in »Geist und Kosmos«, Suhrkamp Verlag.

Ja, ich wollte diesem Masterplan Gottes, an den die Christen glauben, weiter nachgehen. Würde ich dem Du begegnen, dem Gott, der mich liebt?

Ich hatte viel gehört von Jesus, mein Arbeitskollege hatte mir montags oft die lebendigen Predigten aus seiner Kirche wiedererzählt. Er hatte mir eine Bibel geschenkt und mir empfohlen, das Lukasevangelium zu lesen. Ich fand es etwas komisch, in einem Buch im letzten Drittel mit dem Lesen anzufangen. Na gut, wenn er meinte …

Tatsächlich fing ich damals erst an, in der Bibel zu lesen. Bis dahin hatten mir als geistiges Futter durchaus das Gespräch mit meinem Meister-Kollegen und die allgemeine Informationssuche über die Religionen gereicht. Ich merkte, dass ich jetzt deutlich tiefer in die Gedanken der Bibel eintauchte.

Gott hatte alles geschaffen und uns Menschen nach seinem Ebenbild. Deshalb, weil er ein Gott der Liebe ist, also Beziehung will. Er brauchte mich nicht, aber er wollte mich. Das war und ist krass. Wenn er mich will und erschaffen hat, dann kennt er mich auch. Puh, das war mir dann schon wieder peinlich und unangenehm. Was ist bedingungslose Liebe? Darauf hatte die Bibel auch eine Antwort: Jesus. Er ist der »Vergebungsfilter«. Durch ihn sollten all mein Dreck, meine schlimmen Gedanken, meine Undankbarkeit, meine Abtreibung und … einfach weg sein, damit ich mit dem allmächtigen Gott in Beziehung leben könnte. Das würde heißen, ich brauchte mir nichts zu verdienen, ich würde Jesus den Schutt der Vergangenheit einfach hinstellen – und bedingungslos geliebt sein. Gott würde sich über mich freuen, ich könnte immer mit ihm in Kontakt kommen, überall. Ja, das fand ich wirklich spannend.

> Mein Chef hatte mir eine Bibel geschenkt und mir empfohlen, das Lukasevangelium zu lesen. Ich fand es etwas komisch, in einem Buch im letzten Drittel mit dem Lesen anzufangen.

Jesus hatte vor 2000 Jahren gelebt und war nicht im Grab geblieben, sondern vom Tod auferstanden. Und wenn es eine Auferstehung gab, dann würde es auch eine Ewigkeit geben. Mein Leben und die ganze Schöpfung wären nicht für die Mülltonne. Das Ende meines Lebens sollte ein Anfang sein. Eine Ewigkeit bei Gott, bei Jesus und dem Heiligen Geist. Wer war denn nun der Heilige Geist?

Jesus hatte seinen Jüngern gesagt, dass er zwar wieder zu Gott gehe, aber ihnen einen »Tröster« auf der Erde zurücklassen werde, den Heiligen Geist. Dieser würde sie mit allen Gaben ausstatten, die sie für ein gelungenes Leben als Christ brauchten. Und er würde als göttliche Kraft in jedem von ihnen leben. Das hörte sich sehr einfach an – fast zu schön, um wahr zu sein.

Es ging hier für mich zum ersten Mal um einen liebenden Gott, der die Menschen nach seinem Ebenbild erschaffen und ihnen einen freien Willen gegeben hatte. Er sah in ihnen ein personales Gegenüber. Gott wollte mit ihnen Gemeinschaft haben hier auf der Erde und nach ihrem irdischen Tod in der Ewigkeit. Das war völlig anders als in allen anderen Weltreligionen. Und es passte auch nicht zu meiner bisherigen Auffassung. Wenn ich etwas geschenkt bekam, dann hatte ich mich auch zu revanchieren. So war ich erzogen. Das große Geschenk Gottes sollte ich nun einfach so annehmen und glauben, dass dann tatsächlich alles in Ordnung sei? Irgendwie kam mir das zu simpel vor.

Mir kamen aber noch andere Fragen. Warum hatte Gott denn überhaupt eine Entfremdung der Menschen zu ihm zugelassen? Warum ließ er zu, dass die Menschen sich über lange Strecken ihr Leben gegenseitig zur Hölle machten, warum ließ er sich nicht eindeutig sehen? Andererseits: Eine Beziehung in Liebe geht anders. Sie kann nie unter Zwang zustande kommen. Sie braucht Freiheit.

Ein Bild half mir, etwas besser zu verstehen, was es bedeuten könnte, als Ebenbild Gottes zu leben: Gott ist die Sonne und ich der Mond. Der Mond scheint nicht aus sich selbst, er ist geschaffen und ist wunderschön, weil ihn die Sonne anleuchtet. So dürfte ich dann sein, ich dürfte mich pausenlos beschenken lassen. Ich und das große Du!

Ich und Du?

Wenn es dich gibt, Gott, dann zeig dich mir!

Das Kindergebet, das ich früher gesprochen hatte, sollte jetzt eine viel tiefere Bedeutung für mich erhalten. Damals hatte ich gebetet: »Ich bin klein, mein Herz ist rein, soll niemand drin wohnen als Jesus allein.« Jetzt war ich groß und wer sollte da schon in meinem Herzen wohnen?

Ich merkte, dass ich mich genau danach sehnte: Es sollte Jesus sein, Gott, der mich geschaffen hatte und liebte, mich wollte, mich brauchte. Das war alles zu schön, um wahr zu sein. Aber war nicht auch die gesamte Schöpfung zu schön und zu wunderbar?

Was hatte ich denn zu verlieren? Die ewigen Selbstmordgedanken, die ständigen Selbstzweifel, die Sinnlosigkeit meiner Existenz? Ich hatte das alles so satt, ich konnte nicht mehr. Die Beziehung zu meinem Freund war auf dem Nullpunkt, er interessierte sich nicht für meine Gedanken. Für ihn war doch alles prima so, wie es war und lief! Nein, es war gar nichts prima. Ich lebte in einer Beziehung und war trotzdem einsam und in mir war es dunkel wie die Nacht.

An einem ganz gewöhnlichen Tag, ich war allein in unserer Wohnung, setzte ich mich unter das Fenster in der Dachschräge des Esszimmers und betete zu Jesus, der ja zugesagt hatte, dass er unsichtbar mit seinem Geist bei mir war. Ich brachte ihm alles. Alles, was mir einfiel – das Hässliche, das Böse, das Hoffnungslose, das Ziellose in meinem Leben –, einfach alles. Ich saß dort wohl ziemlich lange, weinte und war sehr aufgewühlt. Als alles gesagt war, merkte ich, wie ich ruhiger wurde.

Mich zu lieben, die Vergebung Gottes anzunehmen und nicht immer wieder in alte Gedankenstrukturen hineinzufallen, durfte ich nun lernen. Mir war vergeben, aus reiner Liebe Gottes, unverdientes Glück, Gnade. Ich war begnadigt worden!!!

Ich hatte Gott nicht gesehen und ich hatte auch keine Erscheinung. Alles war ganz normal, aber ich konnte mich auf die Aussagen der Bibel einlassen. Ich konnte Jesus glauben und seinem Vater, der auch mein Vater sein wollte. Was gab es für Beweise? Keine. Stattdessen das große Geschenk, einen Vater im Himmel zu haben, der in Jesus selbst Mensch wird aus Liebe! Ich hatte dies nun in meinem Kopf, aber es sollte Auswirkungen auf meine Gefühle und Gedanken haben.

Auf die große Frage, warum Gott Leid zulässt, habe ich keine echte Antwort gefunden. Wir Menschen haben sicher auch einen Anteil an so manchem Leid. Aber Umweltkatastrophen … ich weiß es auch nicht.

»Wenn du ihn verstehen würdest, wäre er nicht Gott«, sagt Augustinus, ein gelehrter Kirchenvater.

Was ich weiß, ist, dass ich sehr begrenzt bin, dass ich den gesamten Plan nicht überschaue. Ich bin froh, wenn ich selbst meinen eigenen Plan habe und vertrauensvoll in die Zukunft blicken kann!

Ich hatte in meinem Kopf Ruhe; zwar ergab nicht alles, was ich erlebt und gemacht hatte, einen Sinn, aber es fühlte sich so anders an. Hätte ich je nach Gott gefragt, wenn ich behütet und glücklich aufgewachsen wäre? Ich weiß es nicht. Aber das brauchte ich auch gar nicht zu wissen. Gott hatte mit mir seine Geschichte geschrieben. Er war immer und überall dabei gewesen, er hatte mitgelitten, mitgeweint. Und nun konnte ich dies so ganz langsam in mein Herz einsickern lassen. Ja, und wenn wieder finstere Gedanken kamen, wurde es jetzt etwas heller in mir, ich war nicht mehr allein, ich konnte überall in meinem Herzen mit Jesus reden.

Ich hatte eine Antwort bekommen. Ich brauchte nicht so wei-

> Hätte ich je nach Gott gefragt, wenn ich behütet und glücklich aufgewachsen wäre?

terzuleben, als wenn es Gott nicht gäbe. Er war da und blieb – und eine große Freiheit und unbeschreiblicher Friede breiteten sich in mir aus.

Dieses Gefühl machte mich glücklich und eine große Lebenslust fing an zu wachsen. Es kamen neue Lieder in mein Leben, die ich hörte und kennenlernte und die ich in meinem Herzen sang. Meine Feierabende verbrachte ich nun nicht mehr nur vor dem Fernseher und mit meinem Freund.

Ich ging wandern, ins Museum, lud Leute zum Essen ein und mein Meister und seine Frau nahmen mich mit zum »Hauskreis«. Dies war eine Gruppe von dreißig Leuten aller Generationen, die sich über Glaubensfragen austauschten. Ab und zu besuchte ich auch den Gottesdienst in der Gemeinde meines Kollegen. Dort, in der kleinen Landeskirche, gab es einen inspirierenden Pastor. Die Kirche war voll, aber nicht mit Menschen, die im Durchschnitt 75 Jahre alt waren, so wie ich es kannte. Nein, alles war dabei. Viele Kinder gingen nach dem ersten Lied mit einer Kerze hinaus und hatten ihren eigenen Kindergottesdienst. Die Predigt war lebendig, ernst, lustig, spaßig, traurig, so wie unser Leben es auch war. Es war kein Gottesdienst, wie ich ihn kannte, sondern ein fröhliches Fest oder eine Feier.

Mein Leben wurde bunt, es war so wie die Predigt, alles dabei. Und es war hell geworden in mir. Die finsteren Löcher und Gedanken, die bösen Stimmen und Träume, sie waren in diesem Licht viel kleiner geworden, machten mir weniger Angst, raubten mir nicht mehr alle Lebensfreude. Ja, da war jemand, ein Gott, der mich liebte, der immer bei mir war und der mich immer gerne bei sich haben wollte! Ich stand morgens mit einem anderen Bewusstsein auf, die Narben in mir fingen an, weicher zu werden. Eine lebenslange wundervolle Reise sollte beginnen und ich hatte alles dafür im Gepäck – und Gott in meinem Herzen. Das hört sich jetzt möglicherweise ziemlich vereinfachend und idealisierend an – aber genau so war es.

Ende und Anfang

Meine neue Lebensfreude musste ich teilen, am Arbeitsplatz, mit meinen Eltern und mit meinem Freund. Sie merkten, dass ich fröhlicher und anders war. Mein Freund kam aus einem atheistischen Elternhaus. Vielleicht konnte er sich deswegen nicht auf meine neuen Gedanken einlassen, denn es wäre ein Verrat an seiner Familie gewesen. So kam es mir jedenfalls vor. Ich war glücklich, aber nicht mit ihm. Er kam mir nun alt und langweilig vor; wir hatten uns auseinandergelebt. Doch er liebte mich, drohte mit Selbstmord, wenn ich mich von ihm trennen würde. Also blieben wir zusammen. Dies war aber keine Dauerlösung, weil wir zu unterschiedlich waren. Ich war sehr dankbar, dass wir nach spannungsreichen Monaten dann doch unsere vierjährige Freundschaft friedlich beenden konnten. Unseren gemeinsamen Haushalt teilten wir auf, er bekam das Auto, ich die Waschmaschine …

Meine Eltern fanden mich zu christlich; es reichte doch, wie sie den Glauben lebten. Und jetzt auch noch die Trennung von meinem Freund. Ja, ich war auch traurig, der Abschied fiel mir nicht leicht. Wir hatten unsere Beziehung unter einem gemeinsamen Stern gestartet, aber ich hatte die Umlaufbahn gewechselt. Warum freuten sich meine Eltern nicht, dass ich fröhlicher war und mit beiden Beinen im Leben angekommen war? Sie selbst trugen schwer an der Gewohnheitslast.

Ich wollte neu anfangen, nicht mehr in Eschwege bleiben, wo mich zu viel an mein altes Leben erinnerte. Wo könnte ich neu starten? Hannover bot sich an – eine schöne Stadt, die

> Der Abschied von meinem Freund fiel mir nicht leicht. Wir hatten unsere Beziehung unter einem gemeinsamen Stern gestartet, aber ich hatte die Umlaufbahn gewechselt.

ich seit meiner Kindheit mit vielen lebendigen Momenten und lieben Menschen verband. Ich bewarb mich und bekam sofort eine Stelle bei einem Optiker in der Haupteinkaufsstraße von Hannover – mit einem Gehalt weit über Tarif.

Meine wundervolle bisherige Arbeitsstelle zu verlassen und damit auch die besonders netten Arbeitskolleginnen und -kollegen und ebenso die lebendige Gemeinde mit meinen neuen Kontakten, das war schon ein großer Schmerz. Aber ich freute mich auch auf den Neuanfang. Und natürlich war ich nicht aus der Welt und sie auch nicht!

Mein neues Leben

Hannover: Omi, ich komme!

So schnell, wie ich eine neue Arbeit gefunden hatte, bekam ich allerdings keine Wohnung. Machte aber nichts, denn ich konnte bei meiner Omi (mütterlicherseits) einziehen. Ihre Wohnung lag zentral und ich brauchte von ihr aus nur zwanzig Minuten, um mit dem Fahrrad zur Arbeit zu fahren. Sie hatte in dem Zimmer, in dem ich als Kind immer übernachtet hatte, die Schränke ausgeräumt und so zog ich mit zwei Koffern und einem neuen Fahrrad bei ihr ein. Meine restlichen Möbel durfte ich bei meinen Eltern im Keller unterstellen.

Wir hatten eine fröhliche WG, einmal in der Woche aßen wir zusammen Abendbrot, erzählten uns unser Leben oder besuchten ihre Schwester, meine Tante Käthe. Omi war achtzig und meine Tante etwa siebzig Jahre alt. Bei handwerklichen Tätigkeiten konnte ich mich nützlich machen, zum Beispiel Stühle neu beziehen, kleine Reparaturen ausführen – oder auch einkaufen gehen. Ich wohnte sechs Monate bei meiner Omi, aber unseren gemeinsamen Abend haben wir auch nach meinem Auszug weiter zelebriert.

Inzwischen war meine Probezeit zu Ende und die Arbeit lief gut. Aber das Betriebsklima war schwierig. Sicher war es nicht sinnvoll, meine letzte Arbeitsstelle zum Vergleich heranzuziehen. Wenn ich stattdessen an meinen Ausbildungsbetrieb dachte, gab es nichts zu meckern. Und dann fand ich eine tolle Zweizimmerwohnung, nur drei Straßen weiter. Nun wurde alles renoviert und ich hatte keine Zeit mehr, mich über meine neue Chefin zu ärgern.

In den ersten Monaten in Hannover hatte ich nach einer neuen Kirchengemeinde gesucht, doch leider waren die drei Gemeinden, die ich mir angeschaut hatte, genauso erstarrt und leblos wie die Gemeinde in Kassel, in der ich konfirmiert worden war. Es war ernüchternd, aber eine lebendige Gemeinde, wie ich sie in Eschwege erlebt hatte, fand ich einfach nicht. Ich hatte viele Fragen über den Glauben, aber wer konnte mir Antworten geben? Ich klagte dem Pastor aus Eschwege mein Leid und er empfahl mir, in Hannover zur SMD (Studentenmission in Deutschland) zu gehen. Vom Alter her passte ich recht gut dorthin, von meiner Tätigkeit her allerdings nicht. Ich musste vierzig Stunden in der Woche arbeiten, auch oft am Samstag. Aber meine eigentlichen Bedenken hatten nicht mit meiner Arbeit zu tun, sondern mit meinen Minderwertigkeitskomplexen. Ich war doch nur Handwerkerin, keine Studierte. Alte Gedanken, die mich als Kind geprägt hatten – »Du bist leider nicht so schlau, was willst du bei den Akademikern, du machst dich lächerlich« –, mussten erst einmal zum Schweigen gebracht werden. Dann folgte der nächste Schritt: Ich fand tapfer heraus – ich weiß gar nicht mehr wie, denn Internet gab es noch nicht –, wo und wann sich die Schlaumeier trafen. Die SMDler hatten eine Gruppenstunde und noch kleinere Aktivitäten, aber für den Einstieg sollte ich zur Gruppenstunde kommen.

Es gibt sie doch, auch hier!

Am Donnerstagabend nach meiner Arbeit fuhr ich in die Walderseestraße zur SMD. Ich war ziemlich aufgeregt und hatte die Sorge: Wenn es mir hier auch nicht gefällt, was dann? Aber es war super. Zu meiner großen Überraschung gab es sie doch, die Christen in meinem Alter, und hier waren dann gleich mal um die vierzig Leute da. Das Programm ging los, mit Gitarrenbegleitung sangen wir Lieder, die ich nicht kannte, es gab eine nette Begrüßung und es wurde wahrgenommen, dass ich neu war. Nun startete die Bibelarbeit, ein Text aus dem Neuen Testament wurde vorgelesen und dann Zusammenhänge und Personen erklärt. Was konnte uns die Bibelstelle heute sagen? Und sie hatte uns viel zu sagen, ich war beeindruckt, wie interessant ein so kurzer Text sein konnte. Es war ähnlich wie in meinem Hauskreis in Eschwege. Nach dem Austausch über den Inhalt und persönliche Erfahrungen gab es eine Gebetsgemeinschaft. Wer wollte, konnte laut ein Gebet sprechen. Ich war still, staunte, wie selbstverständlich und frei formuliert gebetet wurde, eigentlich so, wie ich es in Gedanken allein machte. Dann war offiziell Schluss und es gab Kekse, Getränke und ein munteres Miteinander. Ich wurde von verschiedenen Leuten freundlich angesprochen und sie luden mich für Sonntag ein, zum Gottesdienst nach Isernhagen, einem Stadtteil von Hannover, zu kommen. Dort wollte man sich treffen und anschließend noch zusammen kochen und Zeit verbringen.

Eine Gruppe von jungen Frauen und Männern verschiedener Konfessionen, die mit Gott lebten, Jesus immer mehr kennenlernen wollten – ich war glücklich. In der Gemeinschaft fühlte ich mich nicht minderwertig, ich war wohl etwas overdressed, aber alles war gut. Die Bibelstellen hatten wir reihum gelesen, jeder einen Vers, ich war nicht mehr drangekommen. Da war ich ganz froh, denn lautes Vorlesen bereitete mir noch leicht Stress. Ich würde mich bestimmt verhaspeln. Na gut, es würde ja noch genug Gelegenheiten geben, mutig zu sein und Fehler zu machen.

Am darauffolgenden Sonntag radelte ich nach Isernhagen zur Landeskirche und der Gottesdienst war lebendig und gut. Bei mir in der Südstadt war dieser lebendige Geist noch nicht angekommen, schade. Aber nun wusste ich, wo ich hinfahren konnte. Das anschließende Treffen und das gemeinsame Kochen waren super: Gespräche, Essen abschmecken, zusammen spielen, lachen, abwaschen – es war ein wundervoller Tag!

In der SMD waren viele Musik-, Medizin-, Gartenbau-, Maschinenbau- und Elektrotechnikstudierende, aber auch noch weitere Fachrichtungen.

Meine Arbeit lief gut, war aber auch anstrengend. Ich war nur im Verkauf tätig. Die Frau meines Chefs, dreißig Jahre jünger als ihr Mann, war anstrengend. Eigentlich war sie Hutverkäuferin und nun verkaufte sie Brillen an die schicksten Leute wie zum Beispiel an den Konsul Bahlsen (in Hannover ist die Keksfabrik Bahlsen, ein Traditionsunternehmen). Wir waren das *First Optikergeschäft* in der Stadt und die High Society kam zu uns. Jetzt verstand ich auch den Grund für mein hohes Gehalt.

Der Chef und die anderen Gesellinnen und Gesellen waren nett, aber meine Chefin blieb anstrengend. Gipfelpunkt war eines Tages ihre Aussage, ich solle mich schminken, denn es sei eine Zumutung, in mein Gesicht zu schauen. Immerhin konnte ich mich ganz gut abgrenzen: »Ihr Mann hatte mich ungeschminkt eingestellt und so wird es auch bleiben!«, war meine Antwort. Nach einem Jahr hatte ich dann aber doch genug von diesem etwas speziellen Theater und so kam es mir sehr gelegen, dass unsere Firma verkauft wurde. Der Laden wurde umgebaut und vergrößert, wir bekamen eine neue Leitung, die meine Tätigkeit sehr würdigte, und nun machte mir meine Arbeit auch wieder Freude.

In der SMD fühlte ich mich wohl und freute mich immer

auf die Gruppenstunde. Meine Vorlesephobie hatte sich in Luft aufgelöst und ich hatte neue Freundinnen und Freunde gewonnen. Wir gründeten einen Gesprächskreis zum Thema »Grundformen der Angst« (der Titel eines Buches von Fritz Riemann) und luden dazu interessierte Studierende ein. An so manchen Freizeiten, die am Wochenende stattfanden, konnte ich nicht teilnehmen, denn ich musste samstags bis 14:00 Uhr arbeiten. Das war aber egal, denn unser »Angstkreis« fand bei Martin, einem Medizinstudenten, privat statt, an einem Abend, an dem ich freihatte. Es wurde Rücksicht genommen auf meine Arbeitszeit, denn ich sollte dabei sein. Durch die unterschiedlichen Konfessionen, die verschiedenen Elternhäuser und Prägungen und dann noch die individuellen Charaktere wurde es ein wirklich spannender Kreis. Der Austausch half, der eigenen Angst und damit der Wahrheit des Lebens und des Seins auf die Spur zu kommen.

In den Gruppenstunden der SMD herrschte ein wertschätzender Umgang miteinander. Kein Schreien und Rausrennen und Türenknallen. Manchmal kam es mir so vor, als ob ich träumte.

Worüber wir gemeinsam nachdachten und diskutierten, was ich alles hörte, wie wir redeten – es war ein so wertschätzender Umgang miteinander. Kein Schreien und Rausrennen und Türenknallen. Manchmal kam es mir so vor, als ob ich träumte. So konnte Leben auch gehen: ganz ehrlich sein dürfen und verstanden werden.

Bei mir in der Wohnung fand ein »Betrachtungskreis« statt. Mit fünf Frauen trafen wir uns vor meiner Arbeit um 7:00 Uhr zum Frühstück und zum Austausch über einen Bibelvers. Dazu bereiteten wir uns abwechselnd vor und suchten zu dem Text eine Karte oder ein Bild heraus. Bei einem solchen Frühstück äußerte ich den ersten Urlaubswunsch meiner neuen Lebensphase: Griechenland. Und so kam es, dass ich mit einer lieben Freundin, Renate, vier Wochen lang dorthin flog. Eine Woche Athen und drei Wochen Kreta. Wir waren Weltenbummler, frei mit unseren Rucksäcken, Reiseführern und unserer Abenteuerlust. Es war so interessant, ein neues Land, seine Kultur und gleichzeitig unsere eigenen kulturellen Wurzeln zu entdecken. Mit unseren unterschiedlichen Hintergründen konnten wir uns gut ergänzen und so hatten wir eine tolle Zeit. Wir waren aber auch nicht in Versuchung, bei den Aussteigern auf Kreta am Strand hängen zu bleiben, die uns heiraten wollten, sondern flogen glücklich wieder nach Hause.

Lebensplan

In meinem neuen Freundeskreis wurde immer wieder einmal davon gesprochen, dass man seiner Berufung folgen sollte. Aber welche Berufung hatte ich? Für meinen Beruf hatte ich mich mit fünfzehn Jahren entschieden, er machte mir Freude und ich bekam so viel Gehalt, dass ich meinem Vater Geld geben konnte, um Aktien für mich zu kaufen. Ich selbst hatte keine Ahnung von Geldvermehrung.

Aber war es auch sinnvoll, was ich machte? Und was ist schon sinnvoll? Klar, anderen Menschen Brillen zu verkaufen, ergab schon eine Menge Sinn. Ich selbst war kurzsichtig und hatte erst mit vierzehn Jahren eine Brille bekommen. Vorher hatte ich nichts an der Tafel gesehen und immer von meiner Nachbarin abgeschrieben. Eine Brille, die auch noch gut aussah, war schon unbestreitbar etwas Gutes – aber wollte ich mein Leben lang als Augenoptikerin arbeiten? Und immer nur im Verkauf zu sein, fand ich auch irgendwie öde. Ich hatte den Kontaktlinsenbereich neu gelernt, aber jetzt? An manchen Orten wurde die Ausbildung umgestellt, es gab Blockunterricht und keinen wöchentlichen Berufsschulunterricht mehr und hier könnte ich Lehrlinge ausbilden, was ich am liebsten machte. In einer Lehrlingswerkstatt zu arbeiten oder Menschen in Entwicklungsländern zu helfen, das schien mir sinnvoller. Aber dazu müsste ich selbständiger arbeiten können, als es als Gesellin möglich war. Ich müsste noch einmal eine Ausbildung machen – und dabei hatte ich mir geschworen, nie wieder zur Schule zu gehen. Doch das war in meinem alten Leben gewesen, das so eng, einsam und finster gewesen war. Warum sollte ich nicht noch eine Meister-Ausbildung machen? Ich hatte keine finanziellen Verpflichtungen, hatte super Noten und war erst 23 Jahre alt. In meinem Freundeskreis waren viele etliche Jahre älter und hatten noch nichts in die Rentenversicherung eingezahlt. In München, Berlin und Köln gab es Ganztagsmeisterschulen für Augenoptik. Die Alternative, mich bei der Handwerkskammer für zwei Jahre in der Abendschule anzumelden – bei hoher Durchfallquote –, kam für mich nicht infrage.

Die Wartelisten bei den drei von Staat und Handwerkskammer anerkannten Schulen waren lang. Möglicherweise hatte ich auch geringere Chancen, da ich kein Abitur hatte. Na gut, ich könnte es ja mal versuchen mit einer Bewerbung. Wenn es klappte, würde ich es machen, und wenn nicht – dann würde ich gemütlich im warmen SMD-Nest in Hannover bleiben.

Ich bekam sofort eine Zusage aus Berlin und Köln, in München fehlte das Abitur. In Berlin war ich einmal auf Klassenfahrt gewesen, in der achten Klasse. Die Ein- und Ausreise durch die damalige DDR hatte ich in keiner guten Erinnerung und die Stadt auch nicht. Köln war mir zwar unbekannt, aber die Stadt lag in der BRD. Ich hatte zwar keine Stimme Gottes gehört, dass ich nach Köln gehen solle, aber ich hatte um eine offene Tür gebetet und nun war sie aufgegangen und ich durfte hindurchgehen.

Hannover war eine tolle Zeit gewesen. Ich hatte dort meine Freundinnen und Freunde, meine Omi, Tante Käthe, die Arbeit und mit allen wurde mein Abschied gefeiert. Mein Chef war bereit, mir eine dicke Gehaltserhöhung zu zahlen, falls ich bleiben würde. Ich fühlte mich geschmeichelt, aber ich wollte weiterziehen. Ich hatte nur zwei Jahre in Hannover gelebt, aber es war mein Zuhause geworden, ein echtes Zuhause – und so fiel mir der Abschied schwer. Meine Wohnung konnte ich an eine Freundin weitergeben. Meine Möbel verkaufte ich zum größten Teil und die Waschmaschine und meinen wunderschönen Küchenschrank stellte ich bei meinen Eltern in den Keller, denn in Köln hatte ich nur ein zwölf Quadratmeter großes Zimmer mit Bad und Spüle bekommen. Beim Umzug halfen mir Martin und ein Freund, der ein Auto hatte.

Ich hatte so gekündigt, dass mir bis zum Beginn der Meisterschule noch drei Monate Zeit blieben, um in Südindien in einem Krankenhaus, das von der Christoffel-Blindenmission geleitet wurde, ein Praktikum zu machen. Ich war zwar keine Augenärztin, doch die Verantwortlichen meinten, ich könne dort nützliche Arbeit verrichten und mir ein Bild davon machen, was es für Arbeitsmöglichkeiten gäbe, wenn ich mich für den Entwicklungsdienst entscheiden würde. Für eine Unterkunft war auch gesorgt, ich sollte bei einer deutschen Missionarsfamilie wohnen.

Und nun stand ich am Bahnhof Hannover und wartete auf den Zug. Hier sollte meine dreimonatige Reise nach Indien starten. Plötzlich tauchte Martin, mein SMD-Freund aus dem »Angstkreis«, auf dem Bahnsteig auf, überreichte mir eine Tüte Süßkirschen und meinte, wir könnten uns ja mal schreiben. Ja gerne, und tschüss!

Indien

Durch meine Beschäftigung mit den Weltreligionen hatte ich mich für ein hinduistisches Land entschieden, Indien. Wie könnte es gelingen, Menschen humanitär zu helfen und ihnen gleichzeitig einen Glauben vorzuleben, der ihnen eine neue Lebensperspektive ermöglichte?

Aufgeregt und neugierig flog ich mit einem vollgestopften Rucksack im Juli 1983, 23 Jahre alt, von Frankfurt nach Sri Lanka. Dort musste ich nach Tiruchirappalli umsteigen, das im Bundesstaat Tamil Nadu in Südindien liegt. Von dem Missionarsehepaar, bei dem ich wohnen sollte, war mir eingeschärft worden, dass ich ganz beharrlich auf meinem Anschlussflug bestehen solle, denn sonst könne es sein, dass ich tagelang warten müsse. Alles ging gut und meine Gastfamilie, Peter und Inge Grosse, holte mich am Flughafen ab. Sie hatten ihr Baby dabei, die zwei großen Söhne waren im Internat. Es war irrsinnig heiß, circa 38 Grad. Wir fuhren durch eine laute, staubige Stadt. Auf den Straßen waren viele Fahrräder, Rikschas und Menschen unterwegs, aber wenige Autos. Ihr Haus lag geschützt hinter einer hohen Mauer in einer Siedlung. Später erzählten sie mir, dass hier nur Leute aus hohen Kasten lebten, hundert Meter weiter war eine Siedlung mit Lehm- und Blechhütten für die mittleren Kasten.

Ich bezog ein geräumiges Zimmer mit einem großen Deckenventilator. Er ließ sich allerdings nicht anschalten, Stromausfall. Daran sollte ich mich gewöhnen. Inge meinte, mit so einer durchsichtigen Bluse, ich hatte eine weiße, ärmellose Baumwollbluse an, könnte ich hier schlecht herumlaufen. Sie gab mir nordindische Kleidung: eine lange Pluderhose mit langärmliger Tunika (Salwar-Kameez). Klar, ich wollte nicht anstößig herumlaufen, das Batikmuster war für hiesige Verhältnisse der letzte Schrei und heiß war es mit und ohne Kleidung. Ich war jedenfalls froh, dass ich nicht einen Sari tragen musste, sieben Meter Stoff, puh.

Nach dem Eingewöhnungswochenende brachte mich Peter am Montag zur Klinik. Dort waren die Angestellten freundlich, wussten aber auch nicht so recht, was sie mit mir anfangen sollten. Ihr Englisch und meines hörten sich wie zwei verschiedene Sprachen an und ich war die einzige Ausländerin. Ich wurde einem Arzt an die Seite gestellt, den ich bei seiner Arbeit begleitete. Es gab einen riesigen Wartesaal mit vielen Stuhlreihen, die mit großen und kleinen Patienten besetzt waren. Die Behandlungsräume waren mit schwarzen Tüchern voneinander getrennt. Nur der OP war in einem Extraraum untergebracht. Der Arzt war freundlich zu seinen Patienten, doch verstehen konnte ich nichts, denn er sprach nur Tamil. Mittags bekam ich Reis mit scharfer Soße. Wegen der Schärfe liefen mir die Tränen und den anderen dann auch, aber aus einem anderen Grund. Sie mussten so lachen, als sie sahen, wie ungeschickt ich mit den Fingern aß und dabei heulte.

Na gut, den ersten Tag hatte ich geschafft. Meine Gastfamilie war nicht besonders erstaunt über meine Erzählungen, denn sie konnten sich auch gar nicht vorstellen, dass ich dort etwas Sinnvolles tun könnte. Mit meiner weißen Haut, meinem blonden Haar und den blauen Augen war ich für die Patienten eine Heilige, die sie gern anfassen wollten. Vielleicht würden sie dann gesund werden?! Oh Grusel, worauf hatte ich mich da eingelassen? Dieses »Zauberspiel« machte ich zwei Wochen mit, trank leckeren Kardamomtee, gewöhnte mich an das scharfe Essen und streichelte ab und zu einem Kind über den Kopf. Dann meinte Peter, dass es so doch keinen Sinn mache, denn Tamil konnte ich nicht mal einfach so schnell lernen und Englisch konnten die Patienten nicht.

> Mit meiner weißen Haut, meinem blonden Haar und den blauen Augen war ich für die Patienten eine Heilige, die sie gern anfassen wollten. Vielleicht würden sie dann gesund werden?!

Brillenglasbestimmungen, Augendruck messen ohne Sprache, aussichtslos! Peter war von der Hermannsburger Mission ausgesandt, um verschiedene Brunnenprojekte zu beaufsichtigen. So fragte er bei seiner Gesellschaft nach, ob ich einen Missionsbericht über ihre drei Kinderheime schreiben solle. Das hieß, ich würde die Heime besuchen, die von deutschen Diakonissen geleitet wurden, und dann einen schriftlichen Bericht abgeben. Die Hermannsburger Mission war glücklicherweise ohne Weiteres einverstanden.

Und so fuhr ich mit dem Bus zum Kinderheim in unserer Stadt. Ich war schockiert über die vielen Leprakranken auf den Straßen und an der Haltestelle beim Busbahnhof, auch über die nicht vorhandenen sanitären Anlagen und über die Slums. Als ich mein Ziel erreicht hatte, betrat ich eine grüne Oase, die von einer Mauer umgeben war. Die Schwester war erfreut über meinen Besuch und zeigte mir alles. Fast 200 Kinder, davon 70% Mädchen, hatten hier ihr Zuhause gefunden. Da Mädchen, wenn sie heiraten, eine hohe Mitgift bekommen, werden sie eher ausgesetzt oder im Heim abgegeben als Jungen. Denn sie kosten ihre Eltern viel Geld. Die Kinder trugen alle eine einheitliche Kleidung. Es war gerade Mittag und sehr heiß, darum war es ziemlich ruhig auf dem Gelände. Aber nachmittags und abends kamen Leben und Stimmung auf, es wurde gespielt, gesungen, gegessen. Es gab einen Kindergarten und eine Schule von der ersten bis zur siebten Klasse. Wer dann eine Ausbildung machen wollte, konnte zum Teil an andere Missionsgesellschaften weitervermittelt werden, um dort ein Handwerk zu erlernen, oder versuchte, bei einer öffentlichen oder privaten Ausbildungsstätte unterzukommen. Dieser zweite Weg war leider nur wenigen möglich und wenn, dann vor allem den Jungen. Ja, hier musste etwas passieren und darüber würde ich in meinem Bericht schreiben.

Meine Ankunft wurde gefeiert, die Kinder legten mir eine Jasmin-Girlande um, spielten Theater vor und sangen Lieder. Ich war so glücklich, diese fröhlichen Kinder zu erleben, mit ihnen zu spielen, zu essen, zu lachen. Wir verständigten uns mit Händen, Füßen und Mimik und das klappte sehr gut.

Allen Kindern wurde der christliche Glaube vorgelebt und es wurde ihnen davon erzählt. Die Heimleiterin berichtete, dass auch etliche ehemalige Heimkinder später in ähnlichen Einrichtungen arbeiteten. Wer den christlichen Glauben annahm, wurde fast immer aus seiner Familie verstoßen, doch man konnte Anschluss in der christlichen Kaste finden. Besonders wichtig war das für Heimkinder ohne Familie.

Die Aussage, dass wir als Christen gar keine Kasten brauchen und dass alle Menschen gleich wertvoll sind, ist für Hindus ganz schwierig, denn das bedeutet, kastenlos zu sein, also zur untersten Schicht zu gehören. Somit bildeten sich mehrere christliche Kasten, die die unterschiedlichen Gesellschaftsschichten abbilden.

Nach etlichen Wochen bekam ich Post aus Deutschland, von meinen Freundinnen und Freunden. Ich hatte auch schon einige Briefe abgeschickt und meine Situation erklärt und damit auch verarbeitet. Meine Gastfamilie war überrascht, sie hatten schon so manchen Praktikanten beherbergt, aber so ein reger Postverkehr war ihnen neu. Meinen Eltern hatte ich kurz nach meiner Ankunft ein Telegramm geschickt, damit sie sich keine Sorgen machten. Dies brauchte nicht länger als 48 Stunden, um den Empfänger zu erreichen, Luftpostbriefe waren mindestens vierzehn Tage unterwegs. Wir befinden uns im Jahr 1983.

Meine nächste Station war Madras, wo ich einige Wochen bleiben sollte. Hierhin fuhr ich mit der Bahn. Eine Zugfahrt wie im Film: die Wagen vollgestopft mit Menschen und Tieren, ohne Glas in den Fensteröffnungen, Leute auf dem Trittbrett, 40 Grad, ich die einzige weiße Person weit und breit. Ich hatte Zeit, mir die Menschen anzuschauen, natürlich nur die Frauen und Kinder. Alles andere wäre unschicklich gewesen. Vieles von ihrem Aussehen sagt etwas über ihre Kaste aus: was für einen Sari sie trugen, wie mager oder gut ernährt sie waren und wie viel Schmuck sie zierte. Sehr aufregend alles. Ja, ich freute mich auf mein neues Ziel.

Dort angekommen, wurde ich von einem netten Inder mit dem Auto abgeholt und wir fuhren zu einer wundervollen Oase, die auch von einer hohen Mauer umgeben war. Fröhliche, erwartungsvolle Kinderaugen und eine liebe, alte Diakonisse, Schwester Gertrud, begrüßten mich.

Das Hauptproblem der Führung einer so großen Einrichtung in der damaligen Zeit war die auf Dauer erforderliche Übergabe an eine indische Organisation. Missionarinnen hatten große Werke aufgebaut und sehr viel Gutes installiert. Aber damit dies auch so weitergehen konnte, musste ein Plan her. Von Management hatte ich keine Ahnung, ich konnte der Schwester darin keine Hilfe sein, aber ich nahm alles, was ich sah und erlebte, in meinen Bericht an die Mission auf. Später erfuhr ich, dass eine Sozialarbeiterin aus Hannover, die dort auch SMD-Mitglied gewesen war, für zwei Jahre in das Heim kam, um es in indische Hände zu übergeben.

Meine Aufgabe war sehr überschaubar: mit den Kindern spielen und Schwester Gertrud im einzig klimatisierten Zimmer zuhören. Sie war schon siebzig Jahre alt und hatte davon dreißig hier im Kinderheim verbracht, das sie mit aufgebaut hatte. Die Kinder und Mitarbeiterinnen liebten und achteten sie. So hatte sie auch viele Kontakte in der Stadt. Ich durfte zu einer hinduistischen Hochzeit eines ehemaligen Heimkindes mitkommen, wir besuchten Leute im Slum und ich fuhr mit zu verschiedenen ambulanten Krankenstationen.

Von meinen Kinderheimbesuchen zurückgekehrt, nahm mich meine Gastfamilie mit in die Berge nach Kodaikanal in den Urlaub. Wir durchstreiften den Dschungel, ich sah kleine Affen und wundervolle Vögel, auch viele Käfer und Schlangen. Wir besuchten dort ihre Söhne im Internat, spielten und diskutierten. Ich genoss es, in der dortigen Höhenlage auch wieder einmal zu frieren, nicht permanent nass geschwitzt zu sein und ohne Moskitonetz zu schlafen. Der Preis, den eine Missionarsfamilie oder auch Entwicklungshelfer bezahlten, war hoch. Wie wunderbar, dass es sie gab und noch bis heute gibt! Menschen mit Abenteuerlust und Idealen, Hoffnungen und Visionen. Wo würde ich mich da sehen? Ich wollte zur Augenoptikermeisterschule, aber Optiker hatten sie hier genug. Hier wurden viel eher Sozialarbeiter, Lehrer, Techniker, Landwirte und Mediziner gebraucht.

Anschließend hatte ich noch Zeit in Indien. Mein Flug ging erst in zwei Wochen und so durfte ich nach Pondicherry, einer Stadt am Indischen Ozean, um dort Urlaub zu machen. Dieses Gebiet ist ein besonderer Touristenanziehungspunkt, hier war die Nationalität der Menschen bunt. Ich fiel nicht weiter auf und konnte im Sri Aurobindo Ashram eine sichere Unterkunft bekommen. Nun war ich Touri, ging baden, kaufte Mitbringsel für meine Familie und Freundinnen ein und schrieb meinen Praktikumsbericht, denn in Deutschland würde ich dafür keine Zeit haben.

Ich machte auch einen spannenden Ausflug nach Auroville. Dies ist eine geplante internationale Stadt oder ein Ministaat, der 1968 von der UNESCO anerkannt wurde. Dort lebten damals circa 3.000 Menschen, die Planung war ursprünglich für 50.000 vorgesehen. Bis heute ist die Einwohnerzahl etwa gleich geblieben. Das Land gehört niemandem, sondern wird von einer Stiftung verwaltet. Die Bewohner lebten und arbeiteten innerhalb der Siedlung, Güter wurden getauscht und Dienstleistungen verrechnet. Man verpflichtete sich dazu, dem Göttlichen zu dienen, lebenslang zu lernen und eine Brücke zwischen Vergangenheit und Zukunft zu bauen. Die Stiftung lebte hauptsächlich von dem Kapital der Bewohner. Eine Reise in das Heimatland war nicht so leicht möglich und musste beantragt werden. Der Wunsch nach Freiheit, Selbstbestimmung und Spiritualität ist wohl auf der ganzen Welt vorhanden und schafft sich immer wieder Ausdrucksformen.

Meine Zeit in Indien ging zu Ende. Seit meinen Kinderheim-

und Urlaubsausflügen bekam ich immer viel Begrüßungspost aus Deutschland. Besonders freute ich mich auf die Briefe von Martin, die zum Ende meines Indienaufenthaltes zarte Liebesbriefe geworden waren. Wir hatten uns extrem viel geschrieben und ich war dabei, mich aus einer Entfernung von über 7.000 Kilometern in ihn zu verlieben. Wenn ich nach Deutschland zurückkommen würde, hätte ich noch eine Woche Zeit bis zum Beginn des ersten Semesters. Wir hatten uns schriftlich verabredet, uns in Köln bei meiner neuen Wohnung zu treffen, um von dort mit den Fahrrädern durch Holland zu fahren. Mein Leben war so umwerfend spannend!

Von meiner netten Gastfamilie hatte ich mich schon verabschiedet und so startete ich glücklich meine Rückreise nach Deutschland. Ich hatte so viel erlebt und gesehen, es fühlte sich an, als sei ich ein Jahr in Indien gewesen. Ein Leben in Köln kam mir sehr merkwürdig vor, was sollte dieses Studium? Mit meinem neuen Berufsabschluss könnte ich auf dem Hilfsschiff der Christoffel-Blindenmission arbeiten, aber wollte ich das überhaupt? Machte es Sinn, jetzt zu studieren? Ich hasste doch Schule und auch die Meisterschule – in Köln eine »höhere Fachschule« – würde wohl nichts daran ändern. Aber der Plan war so eingefädelt, mein Zimmer eingerichtet, der Weiterbildungszuschuss bewilligt, die Fahrradtour geplant. Ja, darauf freute ich mich und ich war so gespannt. Mein Bauchgefühl sagte mir: Alles gut, Christiane, lass dich auf das Leben ein, so wie es jetzt geplant ist!

Köln, Holland, Köln

Wieder in Deutschland gelandet, war alles so grün, so sauber, so ordentlich und die Luft so frisch. Aber die Leute kamen mir fremd, ernst und traurig vor. Die Fahrt mit dem Zug nach Kassel zu meinen Eltern war ein Kulturschock, genauso wie meine Ankunft in Indien drei Monate zuvor. An den Stromausfall hatte ich mich schnell gewöhnt, an die Mücken nur schwer, aber die Hitze war schon quälend gewesen. Jetzt konnte ich wieder gut und tief schlafen. Ja, das tat ich auch erst mal. Nur schlafen, vierundzwanzig Stunden. Und dann ging meine Reise nach Köln. Mein neues großes Abenteuer sollte beginnen.

Ich war sehr aufgeregt, Martin nun zu treffen, als meinen Freund, nicht mehr nur als »einen« Freund. Unsere Begegnung war herzlich, aber auch komisch. In den Briefen waren wir uns sehr nahegekommen und jetzt in der Realität hatten wir noch etwas Nachholbedarf. Martin – groß, schwarzhaarig, muskulös und durchtrainiert. Ich – groß, blond, dünn und schlapp. Mit vollen Gepäcktaschen und bei wunderschönem Sonnenschein starteten wir unsere Fahrradtour in Köln. Unsere erste Etappe war eine Jugendherberge kurz hinter der holländischen Grenze. Das Radeln war super und anstrengend, aber ich war stolz, dass ich in meinem untrainierten Zustand durchgehalten hatte.

Nun kam aber erst der wirklich schwerste Teil des Tages. Ich wollte meinem neuen Freund von meinem alten Leben erzählen. Er, Medizinstudent, genauso alt wie ich, strenges und sehr frommes Elternhaus, sollte wissen, dass ich eine andere Vergangenheit hatte als er. Er kannte mich als fröhliche, optimistische Christiane und nicht als selbstmordgefährdete junge Frau, die ein Kind abgetrieben hatte. Dass wir im christlichen Glauben davon ausgehen, dass unsere Sünden vergeben sind und wir neu anfangen können, ist in der Theorie klar. Aber würde er das in meinem ganz konkreten Fall auch so sehen können? Wie würde er damit umgehen? Soweit ich wusste, war ich seine erste »Freundin«.

Es war ein dramatischer Abend. Ich merkte, wie weit mein altes Leben hinter mir lag, es kam mir vor, als ob ich von einer anderen Person erzählte, aber es war meine Geschichte. Martin wurde immer steifer und angespannter, aber auch hilflos und ernst. Wir sagten uns Gute Nacht und ich stellte ihm frei, morgen wieder zurückzufahren, wenn er noch Zeit brauchen würde oder unsere Freundschaft doch lieber auf platonischer Ebene weiterführen wollte. Ich war so froh, ihm alles erzählt zu haben. Was hatte ich schon zu verlieren? Eine Liebe, die keine war, brauchte ich nicht.

> Er kannte mich als fröhliche, optimistische Christiane und nicht als selbstmordgefährdete junge Frau, die ein Kind abgetrieben hatte.

Am nächsten Morgen, ich hatte gut geschlafen, Martin nicht, trafen wir uns. Er hatte viel nachgedacht und wach gelegen. Mit dunklen Augenrändern, aber einem glücklichen Gesicht nahm er mich in die Arme und küsste mich. Unsere gemeinsame Fahrradtour ging nun richtig los. Wir hatten eine tolle Woche: Amsterdam, die Insel Texel, viele gute Gespräche, Sturm und Regen, Sonnenschein, die Tage vergingen viel zu schnell. Ich hatte das Gefühl, dass wir uns schon ganz lange kennen würden, und war total verliebt. Ja, so fühlte sich Liebe an!

Anschließend fuhr Martin zurück nach Hannover, um an seiner Doktorarbeit weiterzuschreiben, und ich begann mein Studium. Dazu musste ich morgens und abends zwölf Kilometer mit dem Fahrrad fahren, aber das war kein Problem für mich. In unserem Jahrgang waren 25 Männer und fünf Frauen, 28 hatten das Abitur. Wir bekamen unseren Stundenplan: an fünf Tagen hatten wir jeweils acht Schulstunden Augenoptik in Praxis und Theorie und samstags vier Stunden Pädagogik und BWL. Alles waren Pflichtfächer. Sofort waren all meine negativen Schulerinnerungen wieder präsent. Aber nach einer Woche merkte ich, wie viel Freude mir das Lernen jetzt machte. Alles interessante Fächer: Augenheilkunde, Refraktion, physikalische Optik, Werkstoffkunde, technisches Zeichnen. Auch die praktischen Arbeiten an der Drehbank mit Metall mochte ich. Es war großartig. Meine Kommilitonen kamen aus ganz Deutschland. Ich gehörte zur Fahrradfraktion. Die Porschefahrer, deren Väter beispielsweise ein Optikergeschäft hatten, verbrachten ihre Mittagspause nicht wie ich in der Uni-Mensa, sondern im Restaurant.

Die Hausaufgaben und das gemeinsame Lernen für Klausuren waren sehr zeitaufwendig, aber nötig. Einen Abend in der Woche und den Sonntag hielt ich mir frei. Es gab in Köln eine SMD-Gruppe mit vielen Pädagogik- und BWL-Studierenden. Am Sonntag trafen wir uns in der Rheinaustraße in einer Freikirche zum Gottesdienst. Anschließend wurde gekocht, gewandert oder irgendetwas Schönes gemacht. Ich fühlte mich schnell wohl und traf mich mit einer Freundin regelmäßig einmal in der Woche vor der Schule zum Frühstück. Martin besuchte mich oft am Wochenende und wir eroberten die kulturelle Szene Kölns. Ich genoss die gemeinsamen Unternehmungen und Gespräche. Manchmal fuhr ich auch nach Hannover und freute mich, meine »alten« Freundinnen und Martin zu sehen.

Ende der Ära Köln?

Das erste Semester hatte ich geschafft, aber es zeichneten sich doch Defizite in allgemeiner Physik ab. Bei der Menge des anderen Lernstoffes konnte ich dies nicht aufholen und so landete eine Fünf im Zeugnis des zweiten Semesters. Ein Weiterstudium war – so gaben es die Regeln vor – nur möglich, wenn ich nach den sechswöchigen Semesterferien eine Nachprüfung in Physik bestand. Also war mein Urlaubsprogramm klar: Physik lernen, für Klausuren üben und Martin und Freunde besuchen. Ich fuhr an den Bodensee, nach Kassel und dann nach Hannover. Es war ein schöner Sommer und Physik war gar nicht so uninteressant, stellte ich fest. Aber in die Knobeltextaufgaben verliebte ich mich dann doch nicht. Der Nachprüfungstermin kam und ich bestand. Großer Jubel, ich war erleichtert, feierte und buchte gleich einen Urlaub mit Claudia, einer Kölner SMD-Freundin: drei Wochen Israel in den Herbstferien.

Martin konnte nicht weg, da er im Praktischen Jahr war. Unsere Freundschaft lief leider eher mittelmäßig: Die Entfernung war ein Hindernis und vielleicht auch seine Prägung. Seine Familie war nicht so begeistert von mir, schade auch. Martin und ich verstanden uns so gut, konnten über alles reden, hatten ähnliche Interessen, liebten uns. Gab es noch mehr Sicherheit für ein gemeinsames Leben? Aber das war Martin nur im Kopf klar. Gefühlsmäßig ging ihm diese Sicherheit immer wieder verloren. Mir wurde irgendwann deutlich, dass ich keine Lust mehr auf ständige Zweifelgespräche hatte. Mein Leben war so schön und reich, da brauchte ich keinen Typ, der mir mein Leben schwer machte und mich infrage

> Mein Leben war so schön und reich, da brauchte ich keinen Typ, der mir mein Leben schwer machte und mich infrage stellte.

stellte. Schweren Herzens beendete ich unsere Liebesbeziehung. Wir könnten ja trotzdem Freunde bleiben.

Die Meisterschule lief prima und ich war tatsächlich im dritten Semester angekommen. Nun leistete ich mir für 1.000 D-Mark gutes Werkzeug und neue Fachbücher. Vorher hatte ich tief in meinem Herzen nicht wirklich daran geglaubt, dass ich es schaffen würde, und da ich eher ein sparsamer Mensch bin, fiel die Grundausstattung der Zangen und Feilen für das Studium zuerst entsprechend mager aus. Nun war ich voll motiviert. Ich würde die Meisterprüfung schaffen und fühlte mich in Köln zu Hause.

Aber Martin fehlte mir, wir telefonierten immer noch mindestens einmal in der Woche. Und ich merkte ebenfalls sehr deutlich, dass ich Martin fehlte, auch wenn sich immer wieder seine Bindungsängste dazwischenschoben. Und so geriet unsere Freundschaft doch wieder in diesen Zwischenzustand, den ich eigentlich nie hatte haben wollen.

Israel war wundervoll. Claudia und ich zogen mit dem Rucksack durch das Heilige Land, lernten Juden kennen, schliefen in der Wüste unter freiem Himmel, schnorchelten im Roten Meer, beteten auf dem Ölberg, besichtigten viele Kirchen, besuchten Synagogen, handelten auf Märkten, pflegten unseren Sonnenbrand, aßen die merkwürdigsten Speisen und genossen das Leben. Viel zu schnell kam der Tag unseres Heimflugs, aber wir hatten alles auf 36-Bilder-Filmrollen und im Gedächtnis gespeichert.

Ja, dieser besonders schöne Urlaub war zu Ende, aber ich freute mich auch auf meine Kommilitonen, auf meine Freundinnen und Freunde in der SMD und auf das Weiterstudieren.

Köln, 15. November 1984

Heute musste ich früher aufstehen, denn heute war wieder Donnerstag und ich war mit einer Kommilitonin zum Frühstück verabredet. Bett machen, Tasche schnappen, Fahrrad aus dem Keller holen und zum Bäcker radeln. Auch wenn die Sonne noch nicht aufgegangen war, würde es ein schöner, heller und sonniger Tag werden.

Ab hier beginnt mein Filmriss: Es ist 6.55 Uhr.

Darum gebe ich jetzt den Bericht über die nächsten Tage an Martin ab.

Martins Bericht

Dies ist die Geschichte eines großen Wunders.

Es ist damals an Christiane geschehen, die jetzt schon 34 Jahre lang meine Frau ist.

Was ist ein Wunder? Der einzige wirkliche Zugang zu Gottes Wundern ist die Fähigkeit, zu staunen und dankbar zu sein. Diese Fähigkeit geht uns Erwachsenen oft weitgehend verloren. Damit dann leider auch viel an Lebendigkeit. Jesus drückt es so aus: »Kehrt um und werdet wie die Kinder!«

Ich habe es nicht so leicht mit dieser Kindlichkeit. Das hat sicherlich mit meiner frühen Prägung zu tun. Diese war zwar hochreligiös, aber menschlich auch verunsichernd. So bin ich seit Kindheit bestrebt, die Dinge pragmatisch zu sehen, mich nicht zu stark von Gefühlen vereinnahmen zu lassen und die Kontrolle zu behalten. Das war bei mir damals im Jahr 1984, mit 25 Jahren, noch deutlich stärker ausgeprägt als jetzt. Christiane hat ja meine damaligen Schwierigkeiten beschrieben, mich auf unsere Beziehung einzulassen.

Was ist zum Beispiel das Wunder an Heilungen? Die statistische Wahrscheinlichkeit eines Heilungserfolges ist vielleicht sehr klein, aber irgendwann muss selbst ein halbes Prozent Heilungschance eintreffen. Irgendwen trifft es halt. Der kann sich freuen. Aber daran gibt es nichts zu wundern.

Nun kann es aber sein, dass Gott auch einem skeptischen, eher rationalistischen Menschen ein Ereignis schickt, das ihn aus der Fassung bringt. Das ihn sehr verwundert. Das er sein Leben lang in Erinnerung behält und hinter das er auch sein Leben lang nicht mehr zurückmöchte. So ist es mir gegangen und davon möchte ich berichten.

> Es kommt vor, dass Gott einem skeptischen, eher rationalistischen Menschen ein Ereignis schickt, das ihn aus der Fassung bringt. So ist es mir gegangen.

Christiane war an dem bewussten Morgen mit dem Fahrrad unterwegs. An einer Kreuzung wurde sie von einem Auto heftig angefahren, überschlug sich und prallte mit dem Kopf auf die Straße.

Eigentlich hatte sie mich am Wochenende in Hannover besuchen wollen, wo ich damals noch studierte. Ich erfuhr von dem Unfall am Freitagnachmittag durch ihre Mutter, die in Christianes Wohnung in Köln ans Telefon ging, als ich dort anrief.

Irgendwie konnte es nur ein Teil von mir glauben. Ich stand wie neben mir. Immerhin ließ ich mir die Nummer der Neurochirurgie in der Uniklinik geben. Dort blitzte ich aber ab. Ich war ja offiziell gar kein Angehöriger!

Von Christianes Mutter hörte ich dann, dass wegen einer Hirnblutung eine sofortige Operation hatte durchgeführt werden müssen und sie seit dem Unfall im Koma lag. Später erfuhr ich, dass in der Nacht noch eine große Nachblutung aufgetreten war, die aber viel zu spät entdeckt worden war. Durch eine Notoperation mit großer Öffnung im Stirnbereich konnte man schließlich auch diese Blutungsquelle stillen.

Ich weiß das alles noch so genau, weil ich damals drei lange Briefe an Christiane geschrieben habe, die es noch gibt. Den ersten am Montag, den 19. November 1984, als sie noch im Koma lag.

Ich erzählte darin, wie ich an diesem Freitagabend, vier Tage nach dem Unglück, verschiedene Menschen über Christianes Unfall informiert hatte:[2]

»Am Abend rief mein Vater zurück und erzählte, meine Mutter habe herumtelefoniert und Leute, denen sie es zutraute, gebeten, für dich zu beten. Dabei waren Sieben Heyen und Onkel Hans-Peter.[3]

Renate[4] rief auch an. Sie war auch ganz und gar beteiligt und sagte, sie würde die Nacht nicht schlafen gehen, sondern für dich beten.

Das hat mich richtig wachgerüttelt. Ich weiß auch nicht, wie so etwas sein kann, aber ich war so hilflos in meinen Alltagstrott eingewickelt, dass ich gar nicht auf so eine Idee kommen konnte. Mir fiel nachher auch auf, wie lange es her ist, dass ich das letzte Mal überhaupt so richtig ernsthaft gebetet habe.

Ziemlich beschämt sagte ich, dass ich das jetzt auch machen würde, und wir vereinbarten noch, dass wir uns am Morgen um sechs Uhr anrufen wollten.

Es war sehr gut so. Wir kamen beide ziemlich zur Ruhe, konnten glauben, dass die Sache jetzt wirklich bei Gott war und er bei dir war.«

Am nächsten Morgen fuhr ich nach Köln. Dort stand ich dann gemeinsam mit Christianes Eltern und ihrem Bruder, die ich damals alle kaum kannte, vor einer kleinen Scheibe in der Tür

---

2 Alle kursiven Abschnitte in diesem Text sind unveränderte Zitate aus diesen Briefen, nur die Rechtschreibung wurde der heutigen angepasst.
3 Sieben Heyen war ein Gebetskreisleiter in einem ostfriesischen Dorf. Hans-Peter ist Martins Onkel, der damals eine kleine Gemeinde mit Ex-Drogenabhängigen in Leer-Loga gegründet hatte.
4 Martins Schwester

der neurochirurgischen Intensivstation. Wir erfuhren, dass es Christiane leider kein bisschen besser ging und dass es nur eine sehr vage Hoffnung auf eine wirkliche Genesung gebe. Christiane war eigentlich nicht zu erkennen. Das Gesicht war unförmig verschwollen, blau unterlaufen und ihre schönen langen blonden Haare waren einfach weg. Wir waren alle im Ausnahmezustand, sichtlich auch ihre Familie. Besonders als wir anschließend noch in Christianes Wohnung zusammensaßen, kamen immer wieder einem von uns die Tränen. Es war auch so absurd. Christianes »kleiner Wald«, an dem sie so viel Freude hatte, stand genau so wie immer auf dem Balkon, dieselbe Dose mit Kandis auf dem Tisch, aus der ich mich bei meinem letzten Besuch vor zwei Wochen für meinen Tee bedient hatte – diese Zeit war so nah und kam mir jetzt wie ein verlorenes Paradies vor.

»Deine Eltern erzählten mir davon, wie ordentlich du alles hinterlassen hast bzw. sie es vorgefunden haben. Alles Geschirr abgewaschen, die Wohnung aufgeräumt und sauber und etwas Wäsche zum Trocknen aufgehängt. Wir unterhielten uns darüber, wie interessiert und wie aktiv du in der ganzen letzten Zeit gewesen bist – wo deine Eltern auch einen Zusammenhang sehen damit, dass du richtig zum Glauben gekommen bist.«

Christianes Unfall wurde, wie sich später zeigte, auch für ihre Eltern ein Punkt, an dem sie sich noch einmal neu Gedanken über ihr Leben machten und Anschluss an den christlichen Glauben fanden.

Auch der Tag des Unfalls war von Christiane ganz angefüllt und verplant gewesen, wie sich für ihre Eltern schnell herausstellte. Auf diese Weise lernten sie unter anderen gleich Christianes beste Freundin Annette kennen.

Auf der Rückfahrt mit der Bahn fuhr ich bei meiner Schwester Renate und ihrem Mann in Herne vorbei, die mich sehr nett über

Nacht aufnahmen. Mindestens Renate und ich waren ja gleich müde.

Dort rief dann mein Vater an.

»Das war ein richtiger Wendepunkt für mich, was deine Krankheit anbetraf, wie ich bis jetzt auch versuche, damit umzugehen.

Er erzählte, Onkel Hans-Peter und auch Sieben Heyen hätten ihn inzwischen angerufen. Beide hatten in Gemeinde bzw. Bibelkreis gemeinsam und lange immer wieder für dich gebetet, unabhängig voneinander, und zwar dafür, dass du wieder richtig gesund wirst und kein Schaden zurückbleibt. Und die riefen nun an und sagten meinen Eltern, sie hätten über diese Sache jetzt ganz ruhig werden können, es sei im Gebet klar geworden, dass das Anliegen so von Gott habe angenommen werden können (ich weiß nicht, ob sie sich wörtlich so ausgedrückt haben, aber so ähnlich habe ich in Erinnerung, was mir mein Vater erzählte). *Er sagte, dass das für sie beide* (meine Eltern) *eine ganz große Entlastung und Entspannung ergeben habe, sie könnten jetzt auch an ein Wunder glauben. Auch meine Mutter habe sich in der Hinsicht seitdem ziemlich geändert – die ja vorher ganz verzweifelt war. Und irgendwie griff das auch auf uns drei über.*[5]

...

Du, wenn ich dir das jetzt aufschreibe hier, und zwar heute, wo ich wieder am Telefon gehört habe, dass du immer noch ganz unverändert im Koma liegst – und deine Mutter heute ganz depressiv war –, dann auch deshalb, weil ich mir wünsche, dass wir in unserem Leben immer wieder auf dieses Wunder, auf dieses Zeichen zurückkommen, das es ist, wenn du wieder heil wirst.

Wie das Volk Israel immer wieder auf den Durchzug durchs

---

5 Meine Cousine schrieb mir einige Zeit später eine Karte. Sie könne sich gut daran erinnern, wie ihr Vater damals in der Gemeinde Gott dafür gedankt habe, dass er Christiane eine »vollständige Heilung« schenken werde.

Rote Meer zurückkam und -kommen konnte, auch gerade in Situationen, in denen Gott vielleicht sich auch nicht sehr deutlich erkennen ließ. Und dass wir Gott für seine großen Taten loben können.

Natürlich bekam ich gerade, als ich die letzten Sätze schrieb, auch wieder Zweifel, ob man denn etwas so klar schreiben darf, so auf die Spitze treiben darf – ob das denn nicht der Versuch wäre, einen Gottesbeweis zu sichern, ob es nicht vielleicht ›Gott versuchen‹ ist.

Aber ... ich weiß auch, wenn dies Wunder geschieht, dass es nicht mein Glaube war, sondern dass es Menschen gibt, die einen größeren Glauben haben als ich, und dafür bin ich dankbar, dass es diese gibt.«

Der Tiefschlag

Am Dienstag, den 20. November, war ich wieder bei Christiane. Die ganzen Tage über hatte sich nichts getan und eigentlich hatte sich ihr Zustand nur verschlechtert. Seit dem Wochenende musste Christiane wieder beatmet werden und zeigte im Gegensatz zu den Tagen vorher praktisch keine Reaktionen mehr. Die rechte Seite schien vollständig gelähmt zu sein.

Die Nacht verbrachte ich wieder in Herne bei meiner Schwester und meinem Schwager. Als ich abends um kurz vor zehn noch einmal in Köln bei Christianes Mutter anrief, erschrak diese zuerst sehr, weil sie dachte, es sei das Krankenhaus. Sie war am Nachmittag bei Christiane gewesen und hatte auch bemerkt, dass sich nichts gebessert hatte. Bisher war das Personal immer sehr vorsichtig und einfühlsam mit ihr umgegangen. Aber an diesem Nachmittag hatte sie einen anderen Stationsarzt angetroffen, den sie nach seiner Meinung gefragt hatte. Er hatte ihr mitgeteilt, das sei doch hoffnungslos. Sie solle aufhören, sich etwas vorzumachen. Die Patientin habe rechts und links schwere Blutungen gehabt – was er mit boxenden Handbewegungen untermalt hatte.

Als er gesehen hatte, wie schockiert und hilflos Christianes Mutter gewesen war, hatte er versucht, seine Aussagen etwas zu relativieren – was sie ihm nun aber nicht mehr abgenommen hatte. Sie war völlig fertig gewesen und hatte sich auf dem Rückweg in der Stadt sogar verlaufen.

Für meine Schwester und mich war diese Nachricht ein heftiger Schlag. Als ich allein war, begannen die Gedanken zu kreisen und ich schrieb wieder einen Brief an Christiane.

Was war das denn nun mit unserer Zuversichtlichkeit, mit unserem Vertrauen, was deine Heilung angeht? Ist es vielleicht doch so, dass Gott sich überhaupt nicht für unsere privaten Probleme interessiert, dass er alles so laufen lässt, wie es läuft, und Gebet nur Selbsttherapie ist?

Ich kam da in eine ziemlich düstere Stimmung.

Wie ist das denn unter solchen Umständen mit der Auferstehung, auf die wir uns alle verlassen und ohne die, wie Paulus schreibt, unser ganzer Glaube Unsinn wäre?

Am nächsten Morgen (heute) las ich dann aus Luk. 18 und 19 die Texte der 3. Leidensankündigung, der Heilung eines Blinden (»dein Glaube hat dich geheilt«) und von Zachäus (»der Sohn des Menschen ist gekommen zu suchen und zu erretten, was verloren ist«).

Bei der Leidensankündigung fiel mir auf, dass die Jünger Jesu ja die ganze Zeit falsch geglaubt hatten. Dass das, was da passierte, ja in ihren Augen der größtmögliche Unfall war, der sie extrem enttäuschen musste und ihr Vertrauen erschüttern musste.

Ob wir auch falsch glaubten? Ob vielleicht ganz etwas anderes passieren sollte, als ich bisher für richtig hielt?

Aber das passte doch nicht mit dem gewonnenen Vertrauen der letzten Tage zusammen, die ganzen (Glaubens-) Geschwister müssten sich ja im Gebet geirrt haben.

Mir fielen aber auch die vielen Stellen ein, wo Jesus Gott als unseren Vater bezeichnet. Wie in der Bergpredigt:

Wenn schon ihr, die ihr böse seid, euren Kindern gute Gaben geben könnt, sollte dann nicht viel mehr euer Vater im Himmel denen Gutes geben, die ihn darum bitten?

Ich merkte, wie schwer es mir fiel oder wie weit ich davon weg war, an Gott als den zu glauben, der uns, dich und mich, persönlich lieb hat und kennt. Dass es deshalb ja gar nicht

darum geht, noch immer länger, konzentrierter und perfek-
ter zu beten, sondern dass er uns von sich aus gern etwas
gibt, wenn wir einen Mangel äußern.

Renate sagte dann auch noch, dass wir doch einfach dabei
bleiben sollten, das zu glauben, was wir am Sonntagabend
auch geglaubt hatten, und dahinter auch nicht wieder zu-
rück sollten.

Am Mittwoch waren wir dann wieder bei Christiane, ihre Familie und ich. Wir gingen davon aus, wieder diese erlaubte verzweifelte halbe Stunde durch die kleine Glasscheibe in der Tür auf der neurologischen Intensivstation gucken zu dürfen.

Aber es wurde alles ganz anders!

Ihr Bruder durfte kurz an ihr Bett. Und dann erzählte er uns ganz aufgeregt, was er erlebt hatte. Christiane hatte die Augen geöffnet! Wenn auch nur ganz wenig. Sie nickte auf bestimmte Fragen, schüttelte den Kopf, als er von ihr wissen wollte, ob sie Schmerzen habe, und drückte seine Hand. Als er ihr sagte, dass ich da sei, lächelte sie.

Außerdem bewegte sie den ganzen Körper, auch die gelähmte rechte Seite, sogar ein wenig die Hand.

Wir waren so glücklich und heulten fast die ganze Zeit.

Ich bin immer noch so dankbar für das, was damals geschehen ist. Das größte Wunder an dieser Geschichte ist Christiane, die mir und vielen Menschen neu geschenkt wurde. Ein sehr kostbares Geschenk.

> Als Christiane aufwachte und ihre Mutter rief: »Oh, du lebst!«, antwortete Christiane: »Schade, dann kann ich nicht mehr mit den himmlischen Heerscharen singen!«

Aber auch diese andere Wunder-Ebene, dieses Wunder für Skeptiker, werde ich nie mehr vergessen. Ich empfinde es als ein Extrageschenk an mich. Dass es diesen Punkt in meinem Leben gab, wo Gott unabhängig voneinander zwei Männer so deutlich angesprochen hat, dass sie bereit waren, diese Botschaft öffentlich weiterzugeben. Sie setzten ihren Ruf aufs Spiel, um mir zu helfen, ihm ein Stück besser vertrauen zu können.

Christianes Mutter, die dabei war, als die künstliche Beatmung entfernt wurde, erzählte später, was sich da ereignete: Christiane wachte auf. Ihre Mutter rief: »Oh Christiane, du lebst!« Da guckte Christiane sie an und antwortete: »Schade, dann kann ich nicht mehr mit den himmlischen Heerscharen singen!«

Mein zweites neues Leben

Neurologie ist fast wie Himmel

Als ich im Krankenhaus auf der Neurochirurgie aufwachte, war meine rechte Seite gelähmt, mein Kopf vom Kortison so rund wie ein Fußball und die linke Gesichtshälfte vom Bluterguss lilafarben. Um den Kopf trug ich einen dicken Verband – aber ich fühlte mich gut und hatte keine Schmerzen. An meinen Unfall und an die Intensivstation hatte ich keine Erinnerungen. Beim Kopfverbandwechsel erschreckten mich die zwei Vertiefungen in der Stirn (Bohrlöcher, um die Schädelknochen aufsägen zu können) und die großen roten Narben auf meinem kahl geschorenen Kopf. So sah ich jetzt also aus, aber da würden ja noch Haare drüberwachsen.

Ich fühlte mich Gott sehr nah und war getrost, was die Zukunft betraf. Mein Berufsziel war Augenoptikermeisterin, doch mit einer gelähmten rechten Seite konnte ich das vergessen. Das war jetzt aber nicht mein Thema. Mir war klar, dass Gott mich noch brauchte, denn er wusste, wie gerne ich bei ihm im Himmel geblieben wäre. Jedenfalls sagte ich zu Gott: »Okay, dann komme ich eben später zu dir. Und so lange mache ich hier auf der Erde weiter. Was das sein wird, das wirst du mir schon zeigen.«

> Mir war klar, dass Gott mich noch brauchte, denn er wusste, wie gerne ich bei ihm im Himmel geblieben wäre.

Zweimal vergaß ich, dass ich rechtsseitig gelähmt war, und fiel aus dem Bett. Die Realität, nicht mehr allein wieder hineinzukommen, war mir fremd.

Als eine Physiotherapeutin kam und Übungen mit mir machte, staunte sie über die schnellen Fortschritte und schon nach zwei Wochen konnte ich wieder langsam gehen und Treppen steigen.

Martin besuchte mich und ich merkte, wie er damit rang, dass wir nicht mehr richtig als Paar befreundet waren. Es kam von ihm viel Liebe und Zuwendung bei mir an, aber jetzt ging eine normale Liebesbeziehung gar nicht. Ich wollte nicht aus Mitleid geliebt werden. Wir konnten Freunde bleiben, gerne auch sehr gute Freunde.

Die SMDler und meine Kommilitonen besuchten mich. Immer wenn Leute das erste Mal kamen, erstarrten sie zunächst vor Schreck. Ich sah aus wie ein Monster – aber eines mit strahlenden Augen. Nach der gemeinsamen Besuchszeit gingen sie lachend und fröhlich davon, denn es ging mir so gut und das war ansteckend.

In der Adventszeit bekam ich lebensbedrohliches Fieber. Die Ärzte rotierten, bis sie ein Medikament absetzten, das ich prophylaktisch gegen epileptische Anfälle bekam. Daraufhin ging das Fieber zurück.

Weihnachten kam näher, meine Narben heilten, der Verband kam ab und die Haare wuchsen. Ich bekam viel Besuch, doch an Weihnachten und Silvester war ich allein. Wenn ich dies so schreibe, verstehe ich nicht, warum niemand aus meiner Familie da war. Als ich im Koma lag, waren sie da, doch jetzt nicht, wo wir zusammen feiern konnten. Ich war traurig, aber auch glücklich, denn ich hatte liebe Menschen hier in Köln. Meine Freundin Annette hatte einen Besuchsplan gemacht und für die Nichtfeiertage hatte sich immer jemand eingetragen und kam zu mir. Auch die Ärztinnen und Ärzte und das Pflegepersonal auf Station waren sehr nett und ich fühlte mich gut aufgehoben.

Zwei Professoren stellten mich ihren Studierenden im Hörsaal vor. Es war komisch, die Röntgenaufnahmen meines Schädels mit und ohne Hämatome so groß an einer Leinwand zu sehen. Nun sollte ich vor den Studierenden auf und ab laufen und Arme und Beine hochheben, eine besondere Gymnastikstunde. Beide Professoren sagten, dass sie einen solchen Fall noch nicht erlebt hatten, und der eine meinte sogar, dies sei ein Wunder.

Im Januar war dann plötzlich meine Stimme weg und es wurde

eine Stimmbandlähmung diagnostiziert. Ich war noch stationär untergebracht, ging aber tagsüber ins Rehazentrum. Jetzt konnte ich nur noch ganz leise flüstern. Na, das würde ja ein spannender Beruf werden!

Ansonsten ging es mir gut, ich hatte keine Schmerzen und konnte alles bewegen. In der Reha traf ich viele Leute, die auch am Kopf operiert waren, doch sie saßen im Rollstuhl. Warum ich nicht? War das die richtige Frage? Nein, darauf würde ich keine Antwort erhalten. Gott ist Gott und ich bin es nicht und ich weiß nicht, warum er mich geheilt hat und andere nicht. Meine Frage ist: Wozu hat er mich geheilt? Damit ich lebe, von ihm erzähle, dankbar bin und staune über einen wundervollen Schöpfergott! Das reicht, damit werde ich mein Leben lang genug zu tun haben. Und mich mit Fragen beschäftigen, auf die ich keine Antwort bekommen werde, das lasse ich einfach mal sein.

Nach drei Monaten Krankenhausaufenthalt wurde ich im Februar entlassen und sollte noch weitere drei Monate die Reha ambulant besuchen. Meine logopädische Behandlung hatte begonnen. Zur Reha nahm ich meine Unterlagen aus der Meisterschule mit, um dort alles zu wiederholen. Im nächsten Semester wollte ich weiterstudieren. Der Direktor meinte, ich solle solange Pause machen, wie ich wollte, er würde mich jederzeit wieder aufnehmen. Die ersten beiden Semester hatte ich gemeinsam mit seiner Tochter studiert und jetzt fühlte ich mich so nett von ihm behandelt, als wäre ich seine Tochter. Wir hatten ihn vorher nur als einen sehr strengen und unnahbaren Menschen kennengelernt.

In der Reha beschäftigte ich mich mit meinen Studienunterlagen, töpferte ein Teeservice für meine Freundin, emaillierte und malte auf Seide – es war wie im Bastelparadies. Nach drei Monaten, mein Unfall war jetzt ein halbes Jahr her, sollten noch Abschlusstests von einer Psychologin gemacht werden. Sie riet mir, unbedingt noch ein halbes Jahr Pause zu machen und mich zu erholen. Denselben Rat hatte mir auch vorher schon mein Neurologe gegeben. Warum sollte ich Pause machen und noch mehr

Stoff der ersten beiden Semester vergessen? Die Testung dauerte drei Tage. Meine kognitiven Fähigkeiten waren super und meine feinmotorischen überdurchschnittlich gut. Ich hatte nach der Lähmung eine bessere Feinmotorik als der Durchschnitt. Die Psychologin war sehr begeistert von meiner Genesungsgeschichte und ich war es auch! Meine Stimme war zu 80 % wiederhergestellt. Ich konnte wieder singen, was mich sehr glücklich machte. Für eine Chorstimme reichte es allerdings nicht, da die Stimmbänder sich nicht mehr ganz schlossen. Dies war die einzige Einschränkung, die ich zurückbehalten hatte. Aber es war gar keine Einschränkung, denn ich fand und finde meine Gesangsstimme wunderschön und im Chor hatte ich auch nie gesungen, also würde ich auch nichts vermissen.

Es gab ein schönes Abschiedsfest in der Reha und ich zog in ein neues Zimmer, das näher an der Meisterschule lag. Meine Haare waren streichholzlang, die roten Narben leuchteten schwach durch und eine kahle Stelle hinter dem rechten Ohr war ein Blickfang für meine Gesprächspartner. Meine beiden Bohrlöcher am Haaransatz auf der Stirn gehörten nun zu mir wie mein Bauchnabel auch. Ich fand mich schön genug und verzichtete auf eine Perücke. Bald waren alle Löcher unter einem Pony getarnt und die kahle Stelle überwachsen. Ich sah aus wie immer, nur mit einer neuen Frisur.

Hollandfahrrad

Mein Fahrrad war Schrott, nun brauchte ich ein neues. Martin meinte, er könne mir ein Fahrrad aus Holland besorgen, ein echtes, schwarz, mit gebogener Mittelstange. Ja, das wünschte ich mir und es war ein königliches Gefühl, als ich das erste Mal damit fuhr. Durch den hohen Lenker saß ich viel aufrechter als auf meinem alten Damenfahrrad. Es war nicht so windschnittig, aber majestätisch und rückenfreundlich. Ich fuhr Fahrrad und nicht im Rollstuhl, das sollte ich noch oft denken und dabei ein großes Dankgefühl verspüren.

Nach meiner Entlassung aus der Reha hatte ich einen Gerichtstermin. Der Autofahrer, der mich angefahren hatte, war angeklagt und musste sich verteidigen. Er war ganz verlegen, als ich auf ihn zukam und ihm die Hand gab. Auch ein Zeuge war geladen und nun sollten wir aussagen. Der Zeuge meinte, dass der Fahrer mit quietschenden Reifen und hoher Geschwindigkeit die Kreuzung überquert habe. Ob er bei Rot gefahren war, daran konnte er sich nicht erinnern. Ich hatte einen kompletten Filmriss und wusste gar nichts. Nur, dass ich grundsätzlich bei Grün fahre, da Köln-Innenstadt ja kein Dorf ist und die Stelle, an der ich aus dem Wald kam, auch nicht gut einsehbar war. Der Mann tat mir leid, ich war gesund und munter, die Anklage wurde fallen gelassen und wir verabschiedeten uns. Schmerzensgeld? Nein, ich hatte nie Schmerzen gehabt und weiß bis heute nicht, was Kopfschmerzen sind.

Als der Arztbrief aus der Neurologie kam, hörte er sich beängstigend an. Es sei stark damit zu rechnen, dass ich epileptische Anfälle bekommen würde, und so manches mehr stand darin. Aber nichts von alledem ist eingetroffen, ich war und blieb gesund!

Zweiter Studienbeginn

Nun kam ich zum zweiten Mal ins dritte Semester. Es war ein netter Jahrgang und ich wurde schnell aufgenommen. Ich fand wieder Freunde zum gemeinsamen Lernen: Anatomie, Augenheilkunde, Kontaktlinsenanpassung … Als wir die erste Klausur zurückbekamen, im Fach physikalische Optik, klatschten alle über meine Note. Ja, mein Kopf war heil, ich konnte wieder Neues lernen.

Mit Martin blieb es bei einer platonischen Beziehung, alles andere war mir zu kompliziert. Wenn wir uns bei gemeinsamen Freunden trafen, hatten wir super Gespräche über alles Mögliche. Gemeinsame Aktivitäten waren interessant und machten uns Spaß. Ich fand, dass wir total gut zusammenpassen würden, aber etwas in Martin blockierte ihn, sich zu entscheiden. Und ich hatte das deutliche Gefühl zu wissen, worum es ging. Auch wenn er es so nie ausgesprochen hatte: Ich war bestimmt nicht schlau genug und spielte noch nicht einmal ein Instrument. Martins Eltern waren beide Kriegskinder, die sich unter schwierigsten Bedingungen ihr Lehramtsstudium erkämpft hatten. Beide waren berufstätig und Leistung war ein hoher Wert bei ihnen. Im Tischgespräch ging es meist um die begabtesten Schüler ihrer Klassen, von denen anerkennend erzählt wurde, oder man warf mit Geschichtszahlen und -ereignissen um sich, die mir kein Begriff waren. Ich hatte das Gefühl, dass ich auf ihrer Leistungsskala gar nicht vorkam.

Wenn ich dieser Atmosphäre in Martins Elternhaus ausgesetzt war, waren die dunklen Gedanken und die Minderwertigkeitskomplexe aus meiner Kindheit wieder total präsent. Nein,

> Ich fuhr Fahrrad und nicht Rollstuhl und als wir die erste Klausur zurückbekamen, klatschten alle über meine Note. Ja, mein Kopf war heil.

ich hatte ein wundervolles Leben geschenkt bekommen und keine Lust, mich wie früher auf Grübelgedanken einzulassen, die nie zu einer Antwort führen würden.

Mit den Leuten aus der SMD war ich zusammengewachsen. Es hatte mich jeden Tag mindestens einer im Krankenhaus besucht. Und so war die Zeit jetzt in der neuen Freiheit intensiv und bunt.

Nach dem Examen wollte ich ganz normal arbeiten, in einem Betrieb mit Verkauf, Lehrlingsausbildung und Werkstatt. In ein Entwicklungsland zu gehen und dort sinnvoll arbeiten zu können, kam mir mit meiner Qualifikation nicht realistisch vor. Außerdem hatte ich so viel gelernt, da würde es mir sicher auch Freude machen, das mit einem netten Kollegium gemeinsam umzusetzen. Als Meisterin wäre ich dann verantwortlich für das Betriebsklima und für qualitativ gute Arbeit – eine schöne Perspektive. Den Kredit für die teure Meisterschulausbildung übernahmen meine Eltern, was ich sehr nett und großzügig von ihnen fand.

Mein netter Lernfreund aus dem Studium und ich hatten beide keine Lust auf eine volle Stelle, aber wollten gerne weiter zusammenarbeiten. So bewarben wir uns gemeinsam auf je eine Teilzeitstelle in Biedenkopf bei Marburg. Und wir bekamen sie! Jeder 30 Stunden in zwei Filialen mit Chef und Angestellten. Und dazu gleich eine Wohnung über einem der Geschäfte, in die noch eine dritte Person mit einziehen konnte.

Ich machte ein gutes Examen. Meine Meisterstücke, zwei Brillen, zeige ich heute noch gerne. In der Zeit in Köln war es mir gelungen, mein Schultrauma aufzuarbeiten, und es war eine sehr schöne Zeit! Nun wurde Abschied gefeiert von den neuen Meistern und von meinen Freunden. Dann zog ich nach Biedenkopf.

Marburg, Biedenkopf

Mein neuer Chef war nett, die Kolleginnen und das Geschäft noch recht neu. Die Menschen im »Hinterland« – so heißt es wirklich dort – waren etwas gewöhnungsbedürftig. Aber dazu hatte ich ja jetzt Zeit. In der Landeskirche gab es einen Hauskreis, dem ich mich anschloss. Die meisten Teilnehmer waren etwas älter als ich. Wie schön, ich hatte eine lebendige Kirche vor der Tür, das Konzept der Gemeindeerneuerung in der Landeskirche war hier angekommen.

Mittwoch war mein freier Tag. So meldete ich mich in Marburg, 30 Kilometer von Biedenkopf entfernt, zum Gasthörerstudium an der Uni an. Mich interessierten schon immer Pflanzen und so belegte ich einen Botanik-Mikroskopierkurs. Beim Suchen des Raums lernte ich eine andere Studentin kennen. Wir teilten uns das Mikroskop, trafen uns zum Lernen für die Klausur und wurden Freundinnen.

An den Wochenenden bekam ich Besuch oder fuhr nach Köln oder Hannover.

Mein einmaliges Osterwunder 1986

Bei einer Osterfreizeit im Kloster Ratzeburg, Niedersachsen, an der ich mit einer Freundin teilnahm, erschien auf einmal wieder Martin auf der Bildfläche. Er hatte mitbekommen, dass ich dort die Osterwoche verbringen wollte, und hatte in letzter Minute noch einen frei gewordenen Platz ergattert. War man denn nicht mal im Kloster vor ihm sicher?

Ich war eine glückliche und wieder ganz gesunde Christiane und mein Leben war perfekt. Mit Martin wäre ich ja glücklich gewesen, so wie ich ihn kannte. Ein toller Martin irgendwie, aber einer, der Angst hatte, sich für mich zu entscheiden – das war ich jetzt wirklich leid. Es gibt diesen Spruch »Das Leben ist lebensgefährlich« und der gilt auch für Beziehungen. Es gibt keine Sicherheit. Mit Gott und Jesus unterwegs zu sein, heute, morgen und übermorgen, war mir Sicherheit und Glück genug. Und wenn Martin das nicht reichte, blieb ich gerne solo oder würde noch meinen Traumprinzen finden.

Aber Martin hatte mehrere Gespräche mit einem Klosterbruder geführt. Irgendwie musste bei ihm endlich der Groschen gefallen sein. Und dann, an einem leuchtend sonnigen Vormittag, hatte er auf einmal einen Geistesblitz. Jedenfalls machte er mir ziemlich überraschend, vor den Klostermauern Ratzeburgs, ganz aufgeregt und begeistert einen Heiratsantrag. Nicht ganz so förmlich, wie es heute üblich ist. Ich konnte es kaum glauben, deswegen war ich doch gar nicht zur Osterfreizeit gekommen. Ja, ich wollte! Es war wie im Traum und wir erlebten die Osternacht im Kloster wie auf Wolken.

Martin war inzwischen wehrdienstleistender Stabsarzt bei

der Bundeswehr in Leer, Ostfriesland, und ich arbeitete in Biedenkopf, Hessen. Nun planten wir unsere Hochzeit, besuchten Freunde und lebten eine wundervolle Verlobungszeit. Im April 1987 feierten wir bei herrlichem Sommerwetter unsere Traumhochzeit in Marburg und bezogen eine Dreizimmerwohnung in Biedenkopf. Da es damals sehr schwierig war, eine Assistenzarztstelle zu bekommen, machte Martin die Hausarbeit und schrieb Bewerbungen. Wir lebten von meinem Gehalt und genossen unsere gemeinsame Zeit. Nach über dreißig Absagen bekam er dann endlich eine Stelle in Itzehoe, Schleswig-Holstein. Nun war die Freude groß, wieder nach Norddeutschland zu kommen, denn das war doch seine Heimat. Und ich war dankbar, dass mein Mann – dieser Begriff hörte sich immer noch ein bisschen komisch an – eine Arbeit hatte.

In den windigen Norden

Martin zog ins Schwesternwohnheim des Kreiskrankenhauses Itzehoe und begann seine Facharztausbildung. Ich kam drei Monate später nach und wir bezogen eine wunderschöne Altbauwohnung im Klosterhof. Itzehoe ist als Stadt nicht besonders hübsch, aber der Klosterhof ist es. In der Mitte befindet sich ein großer Teich, der von altem Baumbestand umgeben ist. Ringsherum stehen schöne alte Häuser und die St. Laurentius-Kirche. Zu unserer 56 Quadratmeter großen Wohnung gehörte noch ein kleiner Garten, alles eine Minute von der Fußgängerzone entfernt. Martin arbeitete im Kreiskrankenhaus in der Psychiatrie und Neurologie, um seine Facharztausbildung zu machen. Die vielen Nachtdienste und der normale Dienst ergaben eine Wochenarbeitszeit von gefühlten 70 Stunden, tatsächlich waren es wohl etwa 60.

Was sollte und wollte ich jetzt machen? In meinem Beruf hatte ich vierzehn Jahre gearbeitet, die Ausbildungszeiten mitgerechnet, und es war gut gewesen, aber auch nicht mein Traum. In Hamburg, 50 km von Itzehoe entfernt, hätte ich eine Teilzeitstelle bekommen können. Aber wollte ich das wirklich? Von einem Gehalt konnten wir bestens leben. Wir hatten netten Kontakt zu einer Freikirche bekommen, die fünf Minuten Fußweg von uns entfernt war. Zu der Kirche gehörte eine Teestube, sie hieß »Freiraum«. Hier wurden Mitarbeiter gesucht. Martin und ich besprachen das und ich merkte, dass es für mich am besten passte, jetzt ehrenamtlich tätig zu sein, während er seine Ausbildung zum Facharzt machte.

Traumjob

Natürlich hatte ich auch schnell Pläne für diese Zeit! Ich wollte gerne ein kleines Bibelstudium machen, einen Jugendkreis aufbauen und in der Teestube mitarbeiten.

Unser Pastor und seine Frau hatten zwei eigene Kinder und fünf Pflegekinder, eine besondere Familie. Er hatte eine interessante Berufungsgeschichte hinter sich, zu der auch eine längere Phase als Pharmavertreter gehörte. Jetzt war er erst seit Kurzem wieder im Gemeindedienst. Als ich ihm mein geplantes Bibelprogramm vorstellte, war er begeistert.

Vormittags lernte ich Bibelkunde, Kirchengeschichte und Gemeindepädagogik. Nachmittags war ich in der Teestube oder hatte Schüler aus meinem frisch gegründeten Jugendkreis zu Besuch. Dann tauchte eine junge Flüchtlingsfamilie aus der DDR bei uns in der Gemeinde auf. Wir mochten uns vom ersten Augenblick an und so trafen wir uns regelmäßig zum Kochen, Spielen und Diskutieren über Gott und die Welt. Martin und ich begannen mit einem Glaubensgrundkurs, zu dem auch andere aus der Gemeinde kamen. Unsere kleine Wohnung war wie ein Minigemeindezentrum. Ich legte bei unserem Pastor eine Bibelstudium-Prüfung ab, deren Bestehen er mir auch bescheinigte. Ich hatte so viel gelernt in dieser Zeit und Zusammenhänge verstanden. Die Gemeinde wuchs und wir machten Freizeiten mit dem Jugendkreis, unserem Hauskreis und der Gemeinde.

> Gott hatte mir vergeben und mir nach dem Unfall ein neues gesundes Leben geschenkt. Aber das musste jetzt vielleicht auch reichen. Oder durfte ich mir zusätzlich noch ein Kind wünschen?

In der Gemeinde gab es viele Kinder. Auch Martin und ich wollten gerne irgendwann einmal Kinder bekommen. Aber würde ich überhaupt schwanger werden und ein Kind bekommen können? Die Abtreibung war zwar professionell gemacht worden, aber ich war noch sehr jung gewesen und nicht ausgewachsen. Hatte ich Angst? Ja, die hatte ich.

Nun wusste ich, Gott vergibt. Ja, er hatte mir vergeben und ich hatte nach dem Fahrradunfall von ihm ein neues gesundes Leben geschenkt bekommen. Aber das musste jetzt vielleicht auch reichen. Oder durfte ich mir zusätzlich noch ein Kind wünschen? Einmal grübelte ich beim Bügeln so vor mich hin und musste dann plötzlich lachen. Was für ein komisches Gottesbild, wie klein machte ich den großen Gott! Kinder sind ein Geschenk und niemand hat sie verdient. Und wer keine Kinder bekommt, ist nicht bestraft, sondern hat eben eine andere Aufgabe.

Ich wurde schwanger und wir waren glücklich. Meine Tätigkeiten machte ich gerne weiter, auch wenn ich in den ersten vier Monate oft plötzlich zur Toilette rennen musste, um mich zu übergeben. Das war keine Krankheit, kein Problem, nur eine Hormonumstellung.

Friederike

Geburtstermin war der 1. Januar 1989, aufgrund eines Blasensprungs kam sie aber 14 Tage eher. In meinem Schwangerschaftspass stand, dass das Kind mit der Zange oder Saugglocke geholt werden solle, damit ich nicht presste, wegen der vorangegangenen Kopf-OPs. Ich hatte eine erfahrene Hebamme, bekam einen ordentlichen Dammschnitt und dann war auch schon ohne Hilfsmittel unser Wunder da. So klein, alles dran, sogar schwarze Locken. Ihr ging es gut, mir auch, aber ich wollte gerne noch im Krankenhaus bleiben, mein Baby liebevoll im Arm halten, stillen, anschauen und langsam mein unendliches Glück verstehen, dass ich jetzt Mutter geworden war.

Vor Weihnachten kamen wir dann nach Hause, es war ein ganz besonderes Fest!

Mit meinem kleinen Schatz hatte ich gut zu tun und es machte so viel Freude. Wir durften uns immer besser kennenlernen, das erste bewusste Lachen, die großen wachen Äuglein. Was half gegen Koliken, wie konnte eine so kleine Nase so viel Schnodder produzieren? Ich hatte jetzt ein lebendiges Wunderpaket und mein Staunen, meine tiefe Dankbarkeit darüber sollten nie aufhören. Ein halbes Jahr machte ich meine Aufgaben in der gewohnten Weise weiter, Friederike immer dabei, doch dann musste ich meinen Zeitplan mehr ihrem Schlafrhythmus anpassen. Die Gemeindearbeit blühte und unsere kleine Familie auch.

Isolierstation Kreiskrankenhaus

Als unser kleiner Schatz ein Jahr alt war, wurde ich wieder schwanger. Doch in der 16. Woche, meine Symptome waren wie in der ersten Schwangerschaft, stellte der Arzt ein sogenanntes Windei, eine Blasenmole ohne Embryo, fest. Ich musste zur Ausschabung ins Krankenhaus. Martin nahm Urlaub, was bei seinem sehr schwierigen Oberarzt Weltuntergangsstimmung auslöste. Ich war traurig, aber es enden wohl viele Schwangerschaften in einer Fehlgeburt. In der Situation damals tröstete diese Statistik mich und meinen Hormonhaushalt aber nur bedingt. Wie vor jedem operativen Eingriff wurde auch bei mir ein Thorax-Röntgenbild gemacht und ich sollte auf dem Gang warten. Die Ärzte tuschelten und meinten, die Röntgenaufnahme sei nicht gut geworden, sie müssten eine neue machen. Nach längerem Warten wurde mir mitgeteilt, dass starker Verdacht auf Tbc (Lungentuberkulose) bestünde. Da dies eine Seuche ist, dazu noch hoch ansteckend, wurde ich in ein Isolierzimmer verlegt. Meine Sachen wurden mir von einer Schwester im weißen Astronautenanzug nachgebracht. Von nun an kamen die Schwestern und Ärzte nur noch in dieser Verkleidung in mein Zimmer.

Es war wie in einem bösen Traum, aus dem ich gern aufwachen wollte. Ein Telefon bekam ich nicht, aber mein Mann wurde benachrichtigt. Allerdings durfte er nicht kommen. Am nächsten Tag wurde die Ausschabung gemacht und nun erfolgten Tbc-Tests.

Ich konnte nicht glauben, dass ich die »Schwindsucht« hatte, denn ich hatte keinen Husten. Ich war zwar sehr dünn, doch das lag meiner Meinung nach an den Begleitumständen meiner Schwangerschaft. Ständig musste ich mich übergeben. Als es wieder möglich war, besuchten mich Martin und unser Pastor und versuchten, mich aufzumuntern. Unsere Tochter war tagsüber bei einer lieben Familie untergebracht, denn Martin musste arbeiten. Wir waren jetzt im selben Haus, nur auf verschiedenen Stationen.

Mit Gott sprach ich nicht, ich war sauer! Wieso sollte ich jetzt krank sein? Was hatte er für einen Plan, wieso ließ er dies zu? Ich war traurig, wütend und fühlte mich einsam.

Es wurde eine Bronchoskopie gemacht. Eine sehr viel scheußlichere Untersuchung konnte es kaum geben. Ich lag auf einem Tisch, einen dicken Schlauch im Mund, das Endoskop. Mit einer Schere an dessen Ende wurden immer neue Gewebeproben abgeschnippelt. Die Geräusche waren gruselig und die Unterhaltung der Ärzte noch mehr. »Ah, das habe ich ja noch nie gesehen, solch vernarbtes Gewebe. Weiter rechts müssen wir noch etwas entnehmen. Nein, das reicht noch nicht …« Es dauerte und dauerte. Ich konnte nichts sagen, und wenn ich mit den Armen gewackelt habe vor Schmerzen, dann hieß es: »Schön ruhig liegen bleiben, es geht nicht schneller.« Ihr wissenschaftliches Interesse in Ehren, aber ich konnte nicht mehr.

Nun lag ich zehn Tage im »Aussätzigenzimmer« und hatte auf den Tbc-Test auf der Haut positiv reagiert. Das war wenig verwunderlich, denn ich war als Kind gegen Tbc geimpft worden. Von der Klinik aus sollte ich jetzt drei Monate isoliert in diesem Zimmer verbringen. So lange dauerte es nämlich, bis das Ergebnis der Bronchoskopie da wäre und die Diagnose gesichert werden könnte. Aber ich hatte nicht die geringste Lust dazu. Wir zogen einen Arzt, der Mitglied in unserer Gemeinde war, zurate. Er verstand meine Einwände und sagte, dass ich mich auf eigene Verantwortung entlassen könnte, aber sofort einen Lungenfacharzt in Schleswig aufsuchen sollte. Damit konnte ich leben.

Ich war immer noch sauer auf Gott, aber ich betete, dass dieser Arztbesuch jetzt bitte Klarheit bringen möge. Der Arzt, der kurz vor der Pensionierung stand, machte neue Röntgenbilder. Dann meinte er: »Wenn Sie meine Tochter wären, würde ich Ihnen raten, jetzt gleich mit der Chemotherapie anzufangen.« Das hätte den Vorteil, dass ich nach zehn Tagen nicht mehr als ansteckend gelten müsste. Und wenn der Befund dann positiv wäre, hätte ich schon drei Monate Behandlungszeit hinter mir und keine Zeit verloren.

Chemotherapie

Jetzt hatte ich innerlich Frieden und konnte beten: »Nicht mein Wille geschehe, sondern dein Wille, Gott.« Die Tabletten wurden bestellt, und weil es sehr starke Medikamente waren mit vielen Nebenwirkungen, wurde diese Art der Behandlung Chemotherapie genannt. Ich musste einmal im Monat zum Augenarzt und zum Internisten zur Kontrolle, aber es war immer alles in Ordnung. Dass ich müder war als ohne Medikation, war kein Problem für mich. Nun machte nicht nur Friederike Mittagsschlaf, sondern wir beide. Andere Nebenwirkungen hatte ich nicht.

Nach drei Monaten kam das Ergebnis: Ich hatte eine offene Tbc. Nun musste sich auch meine Familie röntgen lassen. Der Befund war negativ, Gott sei Dank. Da die Therapie nicht so sichtbar anschlug, musste ich sie, statt wie üblich sechs Monate ein ganzes Jahr lang machen. Aber ich vertraute meinem Arzt und mir ging es gut. Auf keinen Fall wollte ich resistente Stämme in meiner Lunge behalten.

Wir hatten trotzdem ein schönes Jahr. Martin musste zwar viel arbeiten, aber in seiner Freizeit genossen wir unsere Familie, Freunde, das muntere Gemeindeleben und einen Urlaub an der Ostsee.

Mein glückliches Leben

Unsere Familie wurde noch reicher, wir wurden mit noch drei wundervollen Schätzen beschenkt: Bettina, Andrea und Konstantin.

Selbstmordgedanken kenne ich schon seit Jahrzehnten nicht mehr.

Mein neues Leben nach dem Unfall war und ist das Beste, was ich mir hätte wünschen können. Martin blieb ein Hauptgewinn. Unsere Herkunftsfamilien waren uns kein gutes Beispiel für partnerschaftlichen Umgang gewesen. Nun vielleicht aber doch, denn wir wollten es besser machen. Und das hatten wir unfreiwillig in unserer »Dramafreundschaft« gelernt. Wir übten, über alles zu reden und unserem Handeln und Denken nachzuspüren. Dies half uns in unserer Ehe, bei kleinen und großen Problemen und Meinungsverschiedenheiten eine Lösung zu finden. Martin und ich sind sehr verschieden und gerade dadurch konnten wir uns gut ergänzen, uns helfen zu wachsen und zu lernen, den anderen in seiner Andersartigkeit zu respektieren. Das war manchmal ein mühsamer Weg. Auf meiner Seite poppte das schwache Selbstwertgefühl immer wieder mal auf und kam uns in die Quere, bei Martin seine langsame Art umzudenken und sein Kontrollbedürfnis. Es gibt immer noch Entwicklungspotenzial. Aber nach 34 bunten, meist glücklichen Ehejahren kommen wir uns schneller auf die Schliche, worum es gerade geht – und der Konflikt kann geknackt werden.

Als kleine Familie zogen wir 1993 nach Kronberg im Taunus, weil Martin als frischgebackener Facharzt in der Klinik

> Mein neues Leben nach dem Unfall war und ist das Beste, was ich mir hätte wünschen können. Martin blieb ein Hauptgewinn.

Hohe Mark seine Kenntnisse in Psychotherapie vertiefen wollte. Eigentlich hatten wir die Idee, danach wieder in den Norden zu ziehen, um dort eine Praxis und eine Rehaeinrichtung für psychisch beeinträchtigte Menschen zu eröffnen. Aber dann wurde Martin Chefarzt der Psychotherapieabteilung seiner Klinik und wir konnten beide Gottes Auftrag für ihn in dieser Aufgabe sehen – bis heute.

Ich ging auch weiter meinen ehrenamtlichen Tätigkeiten nach und fühlte mich immer wie eine freischaffende Künstlerin. Ehefrau, Mutter von vier lebendigen Kindern, Frauchen von einem Hund, das war ein Traumjob: spielen, malen, kochen, putzen, aufräumen, trösten, kopfrechnen … Außerdem Gemeindearbeit, Kindersuppenküche (Arche), Schulbibliothek. Langeweile kannte ich nicht.

Unsere wundervollen Kinder sind nun inzwischen alle ausgezogen und haben zum Teil eigene Familien gegründet und wir erwarten unser viertes Enkelkind. Wenn ich an sie denke oder wir uns begegnen, erfüllen mich eine tiefe Dankbarkeit und große Freude.

Mein Aufgabenfeld habe ich in den letzten Jahren mit einer Zertifizierung zur Schuldnerberaterin und einer Ausbildung zur Ausdrucksmalerin erweitert. Ich habe ein süßes weißes Pudelmädchen, Emma, das ich mit in die Schuldnerberatung nehme. In unserer Grundschule gebe ich Malkurse. Ehrenamt ist immer gefragt und es ist ein Privileg, es ausüben zu dürfen.

Im März 2022 haben wir bei uns eine vierköpfige ukrainische Flüchtlingsfamilie aufgenommen und lieben Übersetzungsapps. Vorher wurde noch in ein inzwischen verlassenes Kinderzimmer eine Küche eingebaut und nun hoffen wir, dass sich unsere neuen Mitbewohner hier wohlfühlen. So erlebe ich noch eine Renaissance: wieder Schulanmeldung, Einschulung, Waschmaschinenanleitung, Einführung in die Mülltrennung. Und ein besonderes Geschenk: Wir freuen uns auf das Baby, das unsere ukrainische Familie in wenigen Wochen erwartet.

In Zeiten, in denen es mir gut geht, ist Gott immer für mich spürbar. Ich erlebe ihn in seiner Schöpfung, in meiner Lebensfreude und in vielen »Zufällen«. Aber auch in schweren Zeiten weiß ich, dass er dabei ist, und dies macht mich zuversichtlich und tröstet mich. Am intensivsten war tatsächlich unsere Beziehung, als ich rechtsseitig gelähmt war. Da war Gott mir total präsent: Ich war geborgen und in Sicherheit. Es stimmt, wenn Jesus sagt: »In der Welt habt ihr Angst, aber seid froh, ich habe die Welt überwunden« (Johannes 16,33). Ja, ich bin froh. Wenn Ängste kommen, kann ich sie gleich bei Jesus abgeben. Und wenn ich einmal sterbe, bleibt meine Beziehung zu ihm einfach bestehen. Ich wechsele nur meine Adresse.

Mut zum Glück

Es braucht schon etwas Mut, diesen Gott und Jesus kennenzu-lernen und sich ihm anzuvertrauen. Aber es lohnt sich, wie ich hoffentlich deutlich machen konnte! Ich empfehle, wie mein damaliger Kollege in Eschwege, das Lukasevangelium mit innerer Offenheit zu lesen und zu erleben, was dabei passiert. Zum Glück ist es nicht nötig, dass es erst schwierig werden muss im Leben, um mit Gott etwas anfangen zu können. Denn ein Leben mit Gott ist in jedem Fall viel reicher und glücklicher als ein Leben ohne ihn.

Bücher von Martin Grabe

Martin Grabe
Lebenskunst Vergebung
Befreiender Umgang mit Verletzungen
ISBN 978-3-86122-962-9
192 Seiten, gebunden

Kaum etwas kann befreiender sein als richtig verstandene Vergebung. Wer von anderen Menschen verletzt wird, gerät leicht in einen Kreislauf negativer Gedanken hinein. Das kann ihm auf Dauer größeren Schaden zufügen als das eigentliche Unrecht.

Dieses Buch zeigt ganz praktisch, wie es einem Betroffenen gelingt, mit Verletzungen umzugehen und sie loszulassen. Die geschilderten Wege der Vergebung haben sich in Psychotherapie und Seelsorge vielfach bewährt.

Ein Handbuch für Betroffene, Therapeuten und Seelsorger.

Martin Grabe
Zeitkrankheit Burnout
Warum Menschen ausbrennen
und was man dagegen tun kann
ISBN 978-3-86827-350-2
1122 Seiten, gebunden

Burnout – eine Zeiterscheinung auf dem Weg zur Volkskrankheit. Meistens trifft sie den, der nicht damit gerechnet hätte – vor lauter Überbeschäftigung. Gerade die Idealisten, die sich voller Verantwortungsgefühl in die Arbeit stürzen, sind besonders gefährdet.

Wie läuft diese Störung ab, wie erkennt man Frühsymptome und wie betreibt man sinnvoll Vorsorge für sich und andere?

Lebens-Wichtige Informationen für Sie, denn Burnout ist nicht irgendeine Krankheit. Unsere Gesundheits- und Lebensorganisation als Ganzes steht zur Debatte – es lohnt sich, etwas Zeit in dieses Thema zu investieren!

Martin Grabe
Die Alltagsfalle
Warum es sich lohnt, über den Sinn
des Lebens nachzudenken
ISBN 978-3-86827-348-9
64 Seiten, gebunden

Vielleicht haben Sie momentan eigentlich zu viel zu tun, um noch ein Buch wie dieses zu lesen – dann stecken Sie wahrscheinlich schon mittendrin: in der Alltagsfalle. Wenn Sie es trotzdem lesen sollten, dann würden Sie und ich – als Leser/In und Autor – uns gemeinsam auf ein ziemlich gewaltiges Thema einlassen: den Sinn des Lebens. Wie ich in Gesprächen immer wieder merke, gibt es dazu einige wirklich hilfreiche Dinge zu sagen ...

Martin Grabe
Wege aus der Trauer
Wie wir im Verlust gewinnen können
ISBN 978-3-86827-382-3
128 Seiten, gebunden

Trauer kann unerträglichen seelischen Schmerz auslösen und ist gleichzeitig eines der häufigsten Gefühle überhaupt. Viele Menschen versuchen, möglichst nicht an sie zu denken.

Dieses Buch geht anders vor. Es hilft, Trauer zu verstehen: was sie ist, wie sie wirkt und was sie von der Depression unterscheidet. Damit zeigt es einen Weg aus der Hilflosigkeit, in der sich viele Trauernde, aber auch deren Freunde und Angehörige befinden. Und es zeigt auch, warum menschliche Reife nur über diesen unwillkommenen Umweg zu haben ist.